「和魂英才」のすゝめ

都築学園グループ総長
都築仁子
Kimiko Tsuzuki

PHP

はじめに

「和魂」を大切に、国際人を育成

　私は、佐賀藩校弘道館教授の中野逸作《いっさく》を有する士族の家に生まれ、謡曲や茶の湯、礼儀作法はもちろん言葉遣いも厳しく教育されました。高校時代、国文学に興味を持ち、県立福岡女子大学に進学、国文学を専攻しました。

　大学卒業後は、天皇に国書をご進講されていた関根正直先生の後継者でご息女である国文学者の関根慶子《よしこ》先生（お茶の水女子大学大学院）のもとで平安朝文学の研究を究めたいという思いを抱く一方、「世界を知りたい」という好奇心に駆られて日本航空一般職を受験したのですが、試験場で予想もしなかった国際線スチュワーデス（客室乗務員）にスカウトされるなど、いま思い起こせば不思議な縁としか思えないことが、私の人生の中で少なからず起こっています。

あるご縁から、私が都築家に嫁ぐことになったのは昭和四十五年のことでした。当時花形であったスチュワーデスを辞めて、夫と共に頼助《よりすけ》先生、貞枝先生との同居生活を始めましたが、そのなかで私は、都築学園が目指す教育とはどういうものかを、肌で学び取りました。

「国文学を研究してほしい。都築家は医者ばかりで文学者がいないから、後継者になってくれ」と私に夢を託してくださった頼助先生は昭和四十七年に亡くなり、私のもう一人の母、貞枝先生も昭和六十二年に亡くなりました。私は貞枝先生が最後まで大切にされていた福岡第一高校の校長職を引き継ぎました。

その後、学園の副総長などを経て、平成十九年に都築学園の総長に就任しましたが、頼助先生と貞枝先生から直接、建学の精神や教育にかける思い、日本精神の大切さなどについて薫陶を受けたのは、私一人だけになってしまいました。

個性教育の実践

平成二十八年、学校法人都築学園は創立六十周年を迎えました。

都築学園は、創立者である国語・国文学者の都築頼助先生と、戦後に女性で初めて公立高校の校長に任命された都築貞枝先生が、点数至上主義にとらわれない〝理想の学園をつくる〟という情熱のもとに始められた学園です。

昭和三十一年、学校法人都築学園の開設を皮切りに、今では大学、大学院、短期大学、専門学校、高等学校、中高一貫校、幼稚園・保育園などを擁する、三万二千人が学ぶ日本有数の学園グループに発展しました。

頼助先生は生前、「数値で人間の価値は計れない」とよく言われていました。こうした考え方のもとに、都築学園は「個性の伸展による人生練磨」を建学の精神に定め、個性教育を実践してきたのです。

都築学園の建学の精神に「人生練磨」という言葉が掲げられているのは、「命がけで、一生をかけて自分の好きなことをやりなさい」という創立者の思いによるものです。

そこで個性教育をより充実させるため、平成五年には、文部省（現・文部科学省）が推進していた週休五日制を高等学校に率先して導入し、毎週土曜日を「パラマの日」と定め、授業では学べない資格や教養、スポーツ、ボランティアについて、一流のプロ講師による実践的な指導が受けられる「パラマ塾」五十五塾を開講しました。そこで才能を見出されて開花したのが、国民的演歌歌手の氷川きよし君や絢香さん、プロ野球選手の陽岱鋼君、そしてオリンピックのアスリートたちやクラシックの音楽家たちです。

グローバル教育とアイデンティティ

当学園が「個性の伸展」とともに力を入れているのが、グローバル人材の育成です。平成十六年には、英語をツールとした個性教育を通じて、世界に通用する真のグローバル教育を目指し、国語以外の授業を英語で行う英語イマージョンスクール「リンデンホールスクール」（福岡県太宰府市）の小学部を開校し、平成二十二年には国際バカロレアＩＢ校となる中高学部を開校しました。

リンデンホールスクールでは、英語をマスターするだけでなく、キャンパス内に水田をはじめ陶芸館や茶室など日本文化の施設・設備を備え、日本古来の武道や華道、茶道、書道をはじめ文武両道にわたって体験してもらいながら、和の心の教育を行っています。

これは、日本人としてのアイデンティティの確立をはかりながら、世界に通用する真のリーダーシップや教養を身につけてもらうための試み。私たちがこうした取り組みを進めているのは、グローバル化が進めば進むほど、日本人としてのアイデンティティが重要になってくるからです。

グローバル化が進む今、将来の日本を担う子どもたちを育てるのに英語教育は避けて通ることはできません。

かつて日本は平安時代には菅原道真公提唱の「和魂漢才」という、和の精神や大和心を大切にしながら、当時最先端だった中国の学問を学び、尊皇開国となった明治時代には「和魂洋才」の精神のもとで西洋の科学技術や学問を学び、国難を乗り切ってきました。

こうした先人の伝統的知恵に学び、大和心や和の精神を大切にしながら、英語をツールとして使いこなす「和魂英才」教育を、リンデンホールスクールではモットーにしています。

はからずも、平成二十三年三月十一日に起きた東日本大震災を機に、互いに普通の人たちが助け合い思いやる日本人の姿がクローズアップされるようになり、海外からもそういう日本精神の素晴らしさが絶賛されるようになりました。

日本は、健康と長寿に長じている漢方や和食はもちろん、第一次産業や第二次産業、第三次産業などのさまざまな分野において、創意工夫を重ねて知識や知恵、技術を蓄積し向上発展させてきた国です。

伝統に裏打ちされた自分たちの持てる知識や知恵、技術を提供することで、世界の人々を救うことができる唯一の国だと言っても過言ではないでしょう。日本国の持つ個性、固有の文明に誇りを持つだけではなく、それを世界や地球のために役立て、貢献できる日本人を育てることが、グローバル時代の学園の目標です。

平成二十八年十月

都築学園グループ総長

都築仁子

#「和魂英才」のすゝめ◎目次

第二章 「自主独立」の学校経営

第三章 「個性の伸展」をはかる教育

❖第四章 世界へ羽ばたけ！ 日本の伝統精神

第五章 「和魂英才」教育の実践

第六章 「個性の伸展」の世界戦略

第一章

人生は出逢い

「女性でも学問をしなさい」

私が生まれたのは、佐賀城のお膝元の赤松町という所です。

その頃、佐賀城跡には今のように立派に復元された本丸御殿はなく、お堀だけが残っていました。そんな武家屋敷の面影が漂う町で、昭和二十一年八月十五日に私は生まれました。

母の実家は、鍋島藩弘道館教授等の学問教育の家系で、私も幼い頃から士族の厳しい躾《しつけ》を受けました。剣道こそしませんでしたが、謡曲から茶の湯に始まり、礼儀作法はもちろん、言葉遣いも厳しく教育されたものです。家の中では、佐賀の言葉ではなく標準語を話し、目上の人に正しい尊敬語や謙譲語を使うことを教えられました。

武家らしく質素倹約を旨とするのはもちろんのこと、土地柄、「武士道は死ぬことと見つけたり」で有名な葉隠《はがくれ》の精神が、とくに意識しないうちに身に染みこんでいたのかもしれません。

こうした家風を受け継ぎ、育てられてきた祖母は、機織《はたお》りや和歌がとても上手で、見るからに大和撫子《やまとなでしこ》という人でした。いつも和服を着て、身仕舞いから言葉一つひとつに至るまでが、凛《りん》としているのです。

祖母からは「女性でも学問をしなさい」とよく言われました。それを受け継いだのが私の母で、戦後の「女子大生亡国論」全盛の時代に「女性でも大学へ行ったほうがいい」と勧めてくれたのです。あの頃は、私が通った福岡県立福岡中央高校（旧・福岡高女）でも、女性の約七割が就職するような時代でしたから、それを考えれば、私はとても教育熱心な家に育ったと言えそうです。

佐賀には、美智子皇后様の御母堂様である正田（旧姓・副島）富美様のご実家がありますが、私の祖母の実家が副島家の遠縁にあたることもあり、私が小学五、六年の頃に祖母から「副島のお嬢さんが皇室に上がられるけど、誰にも言ってはいけないよ」と聞かされました。

それから何年も経たないうちに、初めて民間から美智子様が明仁皇太子様とご成婚され、日本中の話題になったのですが、そのとき皇族以外の女性が皇族の男性と結婚すると戸籍から除かれ、天皇陛下や皇族の身分に関する事項が記される「皇統譜」に登録されることを知り、驚いたことを覚えています。

父は山口県萩の出身で、陸軍経理学校を経て、戦後大蔵省（現・財務省）の財務局の要職を務めた人でした。大蔵省の役人として九州全域を管轄していた関係で、私も小学校や中学校時代にはずいぶん転校を繰り返したものです。

そんな中でも、幼稚園の頃まで住んだ佐賀はとてもなじみの深い場所でした。

あの頃は一年保育の時代でしたが、私はお堀のそばの佐賀大学付属の新道幼稚園に通っていたことを覚えています。

四月初めの入園式には、幼稚園まで一人で行きました。弟が三月末に生まれたばかりの産後で、母が入園式に引率することができなくなったのです。当時五歳だった私は、幼稚園へ行くのが嬉しかったので、佐賀城跡のお堀の近くにあった自宅から、佐賀城跡をはさんで反対側にある新道幼稚園まで、子どもにしてはかなりの距離を一人で歩いて行ったのです。

幼稚園に着くと、受付で先生方が「お母さんは来てないの?」「一人で来たの?」と大騒ぎしていました。係の先生が「まあ、良く来たね」と言って優しく迎えてくれました。

その頃の私は、かなりおませだったらしいのですが、幼稚園で習う歌や踊りがとても楽しくて、充実した毎日を過ごしたと思います。

ところが、父が九月から北九州に転勤することになってしまったのです。そこで母と一緒に、暑い夏の日に幼稚園の先生にお別れを言いに行きました。先生は、教室に飾ってあった粘土細工などの作品やお道具箱を用意してくださっていましたが、別れを惜しんで、涙をこぼされたのを幼心に覚えています。

小学校に入学する頃には佐賀を離れ、北九州の門司市に引っ越していましたが、小学校時代は長崎、小倉、福岡と合計三回、じつに二年に一回は転校していました。ご近所とやっと仲良くなれた頃に引っ越しということが繰り返されて、辛い思いをしたものです。

だいたい新学期に合わせて新しい小学校に転校するのですが、友だちがまだ誰もいないのに「ひまわり」というあだ名をつけられて、初日から級長に選ばれることがよくありました。

音楽に夢中だった中学時代

私が中学一年の頃は北九州小倉にいて、ミッションスクールの西南女学院中学校に通いました。ところが、父がまた、その年の夏に転勤することになり、一学期を終えないうちに、長崎の活水《かっすい》中学校に転校したのです。私は小学校一年生のときからずっとピアノを習っていたので、大学の音楽科に進むことを目指し、ずいぶん練習したものです。

中学二年のときには、私の歌う歌が、NHKラジオの番組で放送されたこともありました。NHKのスタジオに呼ばれて、「春のうららの隅田川」で始まる『花』などの歌を歌いました。

こうした音楽漬けの毎日を送る中、中学三年のときに父が福岡に転勤になったので、私だけが活水中学校の寄宿舎に残りました。そのまま長崎に残って高校に行くかどうか、私は非常に悩みました。もし福岡の高校に進むなら福岡でも有数の進学校である修猷館《しゅうゆうかん》高校を受けたかったのですが、父は「共学だから」と反対です。私は「女子校はもういい」と思っていたのですが、父が昔の県立高等女学校（高女）だった福岡中央高校の願書を用意していたので、さんざん迷った挙げ句、私はギリギリの受験日の前夜に、長崎から福岡に出てきて試験を受けました。

ところがそこで波乱が起きるのです。

家族に試験場への行き方を聞いてはいたのですが、事前に下見もせず、道に迷って三十分も遅刻してしまったのです。

やっとの思いで試験場にたどり着くと、「事故係」と書かれた受付がありました。そこに行って受験番号を告げると、担当の先生が慌てて部屋に連れて行ってくれました。そのときの私の受験番号は、県外受験生の二番か三番という若い番号だったと思います。部屋に入ると、一時間目の試験はすでに始まっていて、残り時間はあと二十分ぐらいしかありませんでした。「もうだめか」と思いましたが、どうやら運命の神様は私を見放してはいなかったようです。

当時、福岡県の県立高校の入学試験では、国語と音楽、あるいは数学と体育などの二科目を組み合わせて、合計五十分で問題を解くことになっていました。幸いなことに、その日の一時間目が、私の得意な国語と音楽の試験だったのです。そのため残り時間で一気に問題を解き、二時間目以降の試験もなんとか終えることができました。

とはいえ、あれほどの遅刻をしたので、私はもう試験は駄目だと思っていました。しかし、運良く福岡中央高校に合格することができたのです。

後日談になりますが、試験当日、福岡では見慣れない活水中学校の制服を着た私が三十分ぐらい遅れてやってきて、ガラッとドアを開けて前方の席に着いたのを見て、その教室にいた受験生たちは「あれは浪人生？」と思ったのだそうです。福岡中央高校に入学してから、彼女たちに「あの遅れて来た人は椿（私の旧姓）さん、あなただったのね」と笑われました。

国語と数学のおもしろさに目覚める

福岡中央高校では、私の人生を大きく左右するような出来事がありました。それは、一年生のときの担任だった国語の山内勇哲先生との出逢いです。

山内先生は有名なお寺のご住職で、のちに筑紫《ちくし》女学園の校長になられています。私はその山内先生の薫陶を受けて、国語や国文学、古典に目覚めました。先生からは「あなたは音楽の才を生かして芸大に行ったほうがいいのでは」と勧められたこともありますが、授業を受けているうちに、音楽よりも国語に対する興味のほうが勝るようになっていったのです。

結局、高校三年間を通じて私は山内先生に国語を教わることになったのですが、その当時、私を含む二、三人が先生のご自宅に週末に通い、特別授業を受けていました。学校の授業とは異なるテーマ学習が主で、三年生のときの夏休みの課題として日本女性史についてまとめた小論文が先生に評価され、「君には文学系の才能があるから、国文学に進んだほうがいいのではないか」とも勧められたのです。

ただ、その一方で、数学の徳永先生の幾何の授業もとてもおもしろく、私は数学にも国語とはまったく違う新鮮な魅力も感じていました。

国語は、とくに古典がそうなのですが、情緒的で曖昧模糊《あいまいもこ》とした「大和心」の世界も悪くはありません。ところがいざ試験になると、「この指示語が指し示しているものは何か」という問題ばかりで、あまりおもしろくないのです。かたや数学は、幾何から入り、代数、数学Ⅲまで学びましたが、要領をつかむと答えが明確で、私の性に合っていました。

いま、国語以外の授業を英語で行う「英語イマージョン教育」を実践している当学園グループのリンデンホールスクールで、特別講師をお願いしている世界的数学者の広中平祐先生は、「数学は音楽に似ている」とおっしゃっています。広中先生によれば、数式を黒板一杯に展開し、まだ誰も解いたことのない難問を解明した数学者を褒め称えるスタンディングオベーションの声は、「ビューティフル」なのだそうです。

小学一年生の頃からピアノを通してクラシック音楽を習っていた私は、音楽との共通性がある数学も素晴らしい学問だと感じていて、理学部があるお茶の水女子大学を受けて、数学をやりたいとも考えるようになりました。

結局、理学部に進むか国文科に進むかで最後まで悩み、私はお茶の水女子大学と地元の県立福岡女子大学の両方に願書を出しました。

お茶の水女子大学に願書を出した背景には、東京に出たいという思いも一つはありました。ところが父は、私に悪い虫がつかないようにミッションスクールに通わせ、「箱入り娘」に育ててきた昔気質の人でしたから、「東京に女が一人で出てどうなる。そんなに大学に行きたいのなら、家から通える福岡女子大がそこにあるじゃないか」と言うのです。

福岡女子大は昔の女専（女子専門学校）でしたから、いわゆる昔の高女から女専に進むのは何の変哲もないお決まりコースです。ところが「東京には出さん」という父の意向は変えようがありません。結局、地元福岡では偉い方たちの中に女専の先輩がたくさんいらしたこともあり、数学科のない福岡女子大の国文科に進学しました。

「箱入り娘」であることへの疑問

私の父は昔気質の官僚で「女性は美しくおしとやかにして、控え目にしていなさい」という亭主関白な人でした。妻は夫に仕え、三つ指をついて挨拶をするのが当然だと考えていて、母はまさに、夫に尽くす貞淑な妻というのにふさわしい、大正女性の典型でした。

父は、おしとやかで慎み深く、朝起きたらきちんと和服で身仕舞をして朝の支度をするという、母のような女性になることを求めていたような気がします。実際、娘には清純でかわいい「箱入り娘」であってほしかったのでしょう。ですから私には進学のたびにミッションスクールばかり勧めました。でも私は、小学校こそ共学だったものの、西南女学院中学校に始まり、活水中学校、旧制福岡高女の福岡中央高校と、女子校にばかり通わされるのはとても嫌だったのです。

それが積もりに積もったのか、お茶の水女子大学への進学では、父と大喧嘩をしました。

女子大に行くというところまではいいのですが、「女が東京にまで出て行くものではない。そんなに行きたいなら地元の大学に行きなさい。でなければ学費は出さない」と譲りません。母も父の言う通りにしなさいと言うのです。

父とは普段、ぶつかるというほどではないにせよ、よく議論をしていました。父は大変な読書家で文学全集から経済・経営の実業書まで自宅に揃っていて、新聞は日経新聞でした。家ではほかの新聞を取っていませんでしたから、私は子どもの頃から日経新聞オンリーで育ちました。その頃の日経新聞は、作家・曽野綾子さんのコラムや家庭欄がおもしろく、「私の履歴書」に登場する女性の生き方にも興味を持って記事を読んでいました。

文学少女だった私は、とくに中学生の頃から、熊本の出身で日本の女性史研究の草分けである高群逸枝《たかむれいつえ》さんの著書や、社会で活躍している女性の生き方に惹かれ、「作家のように職業を持つ女性や、自立している女性についてどう思う?」と、ことあるごとに父に議論を持ちかけていたのです。

父に反発するというより、「女は従順でかわいければいい」とか「女性はこうあるべきだ」という昔風の三従の教えの価値観で育てられることに対して、「本当にそうだろうか」と深い疑問を抱いていました。

国文学を志した理由

大学時代に話を戻しますが、福岡女子大の国文科で、私が主に学び、卒業論文のテーマに選んだのは中世文学でした。鎌倉時代末期から室町時代にかけて禅宗寺院で盛んに行われた五山文学のほか、仏教哲学や倫理などの日本思想に関係した領域に興味があったので、中世文学を専攻したのです。

卒論で研究したのは、当時の連歌界の中心的な人物だった心敬《しんけい》という連歌師についてです。心敬が「歌道仏道一如観《いちにょかん》」と述べたように、仏道と歌道はまさに同一で、中世には心敬や飯尾宗祇《そうぎ》、西行を始め兼好法師など、仏教者でありながら文学を志した人が数多くいます。仏教と文学の関わりについて論じたのが、私の卒業論文である「心敬の連歌論」でした。

動物や人間を墨線だけで生き生きと描いた絵巻物の『鳥獣戯画（鳥獣人物戯画）』も、鳥羽僧正覚猷《かくゆう》や絵仏師定智《じょうち》などの仏教者が描き、平安後期から鎌倉時代に成立したと言われています。

日本の中世の僧侶たちは、このように仏教を修めるかたわら、趣味的に和歌を詠んだり絵を描いたりしながら風興風雅に浸っていたのです。そこで私は、彼らの中で仏教と和歌がどう融合し、作品が醸成されていったのかということを卒論に書きました。

浄土思想が盛んだった平安時代も仏教色が強く、私は平安文学を研究したいと思うようになり、大学院は、お茶の水女子大学の関根慶子教授の研究室に行こうと考えました。関根先生は、平安時代の和歌文学研究の第一人者で『源氏物語』の大家でもあり、女性研究者の先駆的な存在として、私の憧れの存在です。そこで関根先生に「心敬の連歌論」を送ったところ、「ぜひいらっしゃい」と声をかけてくださいました。

なぜ私が平安文学を研究したいと思うようになったかというと、『源氏物語』に目覚めたからです。

当時、福岡女子大学の学長を務めていらしたのは、『岩波古典文学大系』の『古事記』を執筆された倉野憲司先生でした。平安文学を教えていたのが、国文学の女性研究者の草分け的な存在で『源氏物語』の研究を手がけられた目加田さくを先生、中世文学が井手恒雄先生、近世文学を担当していたのが松田修先生でした。

つまり当時の福岡女子大学は古典文学中心で、近代以降の文学は九州大学の先生がいらしていたと思いますが、古典となるとやはり『源氏物語』は外せません。なぜなら『源氏物語』は、それ以前の漢詩漢文学に加え、和歌を中心とする和文学を吸収し、集大成した世界最古の長編物語だからです。谷崎潤一郎や川端康成、三島由紀夫を始めとする日本の近現代文学も、『源氏物語』の影響を大きく受けているということがわかってくるにつれて、私はその根源である『源氏物語』の存在を見過ごしていては国文学ではないと考えるようになりました。

『源氏物語』の舞台・六条院をミニチュアで復元

そうした中、私は大学二年のときに源氏研究会というグループをつくり、大学三年の夏休みには、源氏物語の舞台になった主人公・光源氏の邸宅である六条院をミニチュアで復元したのです。

九州大学の工学部建築学科に通い、古代建築で高名でいらした太田静六《せいろく》教授の指導を受けました。『源氏物語』全五十四帖の中から、六条院の建築や風景、庭の様子などがわかるところを抜き書きし寝殿造りを基に六条院想定図を創作し、大学三年の夏休みに九州大学の建築学科で古代建築を研究している大学院生たちの協力を得て、バルサ材で復元模型をつくり上げたのです。

復元模型は八畳か十畳ぐらいもある本格的なもので、福岡女子大に今も保管されています。光源氏が紫の上と住んだ春の邸や花散里《はなちるさと》が住んだ夏の邸など、春夏秋冬の四季の邸を忠実に再現し、「紫の上はここに」とか「弘徽殿《こきでん》の女御《にょうご》はここに」ということがわかるものに仕上げました。

こうした復元模型をつくるには詳細な設計図（想定図）が欠かせません。ところが寝殿造りの知識がないと描くことができないのです。柱と柱のあいだの距離を指す一間がどれだけの長さなのかも含め、寝殿造りとはどんなものなのかということを勉強し、京都御所等も見学に行きました。

そのうえで復元作業を始めたのですが、いざ作業に取りかかると、短く切った竹ひごなどの部材が飛んでしまうので、夏の暑い盛りであっても扇風機ひとつかけられません。皆が息を凝らしてバルサ板を慎重に切り抜き、細かい部品を一つひとつ組み上げていきました。

数ある作業の中でも、とくに難しいのが屋根の反り具合です。角度がきちんと決まっているので、それに合わせて部材を手で温めて曲げながら屋根の勾配を忠実に再現し、最後に着色して仕上げを行いました。福岡女子大には、私を含めて約二十人で作業しているところを写した、当時のスナップ写真が残っています。

この復元作業は九州大学大学院の皆さんの協力のお陰でできたことですが、じつはこれが古典の建築物や風物、生活を再現し、形にしてみせる視聴覚教育の先駆けになったのです。そのため、私たちの手がけた六条院の復元作業が、平安文学に関する学会である中古文学会で一大センセーションを巻き起こし、同年の学会の秋季大会が福岡女子大で行われることになるほどの反響を呼びました。さらに、その六条院想定図は『図説　日本の古典』（集英社）で紹介されました。

その秋季大会で、私は学会の多くの先生方と面識を得ることができたのですが、その中に、先の関根慶子先生もいらっしゃったのです。私は大学進学のときにお茶の水女子大学に行けなかったので、大学院は関根先生のもとに行きたいと考えていました。

「文学の旅」で全国を駆け巡る

大学時代の私は、先に述べた『源氏物語』六条院の復元のほかにもさまざまな活動を行って、とても忙しい日々を送っていました。その活動の一つが文学地理研究部です。私が入部したのは大学二年の頃で、すぐに部長を務めるようになりました。

このクラブは、九州朝日放送（ＫＢＣ）が当時放送していた『ＫＢＣ旅行クイズ』という番組の、クイズ原稿を書くことを一つの活動にしていました。

『ＫＢＣ旅行クイズ』は約二分弱のクイズ番組で、オープニングで蒸気機関車がポッポッポッと煙を吐きながら登場し、風景や人物の写真などと合わせて、ある観光名所についてのクイズが流れ、「ここはどこでしょう」というナレーションで終わるのです。クイズを当てた人は抽選で旅行に招待されるという、当時の人気番組でした。

月曜から金曜日まで、毎日同じ問題が放送されるのですが、一度に四週間分のクイズ原稿をつくり、写真などの資料を添えなければならなかったので大変でした。それに、クイズの問題ですから、原稿内容に間違いがあってはいけません。そのため調べ物が大変で、部員で手分けして県立図書館や九州大学の図書館などに通い詰めました。

テレビ局のディレクターから、クイズの答えになる場所を指示されると、私たち文学地理研究部の部員は、その場所に取材に出発するのです。

現地で、ある観光名所が駅から何分のところにあるとか、たとえば修善寺なら川端康成がどの宿で『伊豆の踊子』を書いたのか、あるいは『伊豆の踊子』の舞台になった峠はどこかといった地理・文学の話題を探し、そこへ行って取材を行い、原稿を執筆するのが文学地理研究部の仕事でした。

旅費はテレビ局が出してくれて、原稿料も当時にしてはなかなか良かったので、クラブはかなり潤っていました。でもこうしたテレビ番組の仕事は副業で、文学地理研究部の本来の活動は、「万葉の旅」や「源氏物語の旅」「平家物語の旅」と、文学にまつわるテーマを自分たちで決めて、あちこちを取材して回るというものでした。

小さな大学ではありましたが、人気のクラブで、いつの間にか部員は八十人ぐらいに膨れ上がっていました。テレビ番組の副業があったため、大学から部費をもらわなくても、自前で十分にやっていけるぐらいの収入がありました。

当時、海外紀行番組の先駆けとして人気が高かった『兼高かおる世界の旅』が放送されていましたが、兼高さんのように世界を旅するのは難しいものの、国内ならということで、リュックをかついで夜行列車に乗り、ユースホステルを利用してあちこちを取材して回ったものです。

たとえば「平家物語の旅」がテーマなら、平家の落人たちが住んだ里や源平合戦の舞台を巡るのです。壇ノ浦の戦いで亡くなった安徳天皇を祀る山口県下関市の赤間《あかま》神宮を訪れ、安徳天皇の命日に開催される「先帝祭」にも行きました。

遊女に身を堕した平家の女官たちが、安徳天皇の命日に赤間神宮に参拝し霊を弔ったことが「先帝祭」の由来だといわれ、「先帝祭」では、十二単《ひとえ》で着飾った大夫たちが外八文《そとはちもん》字《じ》を踏みながら、赤間神宮に参拝するのです。

このように、部員たちと一緒に全国を回って文学作品をテーマに取材し、写真も撮ってつくった旅行ガイドブックが学園祭で大好評でした。

ガリ版刷りですが、和紙できちんとした表紙をつくり、紐で綴じたもので、生の写真があちこちに入っている手づくりのガイドブックです。百人の部員総出で、徹夜で大変な思いをしながら五百部を発行しましたが、これが学園祭で飛ぶように売れ、予約もかなりついたので翌年は七百部に増刷しました。今の旅行ガイドブックの走りといってもいいのではないかと自負しています。

今振り返ると、とても充実した大学生活でした。家庭教師もしていましたが、あの頃から私は、忙しく走り回っていたのです。

「世界をもっと知りたい」

その頃、毎週日曜の午前中に放送される定番のテレビ番組といえば、なんといっても『兼高かおる世界の旅』でした。かつてアメリカ最大手の航空会社だったパンアメリカン航空がスポンサーで、私も番組を見ているうちに、「これまで日本中を旅してきたけれど、海外をもっと知りたい」と思うようになったのです。

その一方で、お茶の水女子大学の大学院に行って関根慶子先生の教えを受けたいという思いもあり、私は将来の進路に迷うようになりました。

そうした中で、大学四年の七月に、日本航空の職員の募集があったのです。

当時はまさに「女子大生亡国論」の時代で、大卒女子を採用する会社はほとんどなく、学校の先生か、公務員の上級職もしくは中級職ぐらいしか選択肢がありませんでした。福岡女子大の卒業生でも教職に就いた人が多かったのですが、私はその頃、なぜか学校の先生になることにはあまり関心がなく、当時で言うインターナショナルな企業を探して受けてみたいと思っていたのです。

日本航空の職員募集の話を知ったとき、私は「日本航空に入ったら海外支店で勤務できるかもしれない」と単純に考え、同社の総合職に応募しました。

それには一つ理由がありました。東大法学部を出て、日本航空で初めて女性管理職になられた瀧田あゆちさんが当時課長になり、週刊誌などで「日本航空初の女性キャリア」として紹介されていて、私もそういう国際的な企業で働く人になりたいと思ったのです。

今から考えれば、これも運命だったのかもしれませんが、その年に九州地区で日本航空の筆記試験が行われた場所が、私がいま校長を兼務している福岡第一高校だったのです。そのとき九州各県からは、四千人近い多数の応募者が試験を受けに来ていました。

朝九時に英語の試験が始まり、まるで辞書のように分厚い問題を、午前中一杯かけて解かされました。午後は一般教養試験でした。が、大学入試でもこういうものはないだろうというぐらい大量の難問の連続です。

だいたい大学入試なら、まずどの問題から手を着けていくかを考えますが、そういう余裕すらないのです。幅広い教養を問う問題がずらりと並んでいて、難易度にも差がほとんどないので、片っ端から解いていかなければ間に合いません。「これは思考力より、グローバルスタンダードな知識を問う試験だ。スピードで勝負しなければならない」ととっさに思いました。

後にも先にも、私が一生の中で、あれほど一所懸命に試験を受けたのは日本航空しかありません。本当に時間ぎりぎりで最後の問題まで到達しましたが、答えを見直す時間はとてもありませんでした。

総合職枠からスチュワーデス採用に

見直しもできずに終わった試験です。私は入社試験に落ちたと思っていました。二週間ぐらいが経った頃、日本航空から「◯ヒ◯ジ　ニッコウ」という電報が届き、福岡支店に面接に来るように指示がありました。

その面接で何を質問されたかよく覚えていませんが、支店長はじめ面接官から、「なぜ日本航空を受けたのか」という志望動機を聞かれ、「世界的な企業で、将来、海外で勤務できるかもしれないからです」と答えたような気がします。

その時点で、すでに志望者は五十分の一程度に絞られていましたが、私は運良く面接を通過したようで、「今度は重役面接をするので、丸の内の本社に来るように」と電報で指示され、切符も送られてきました。

そこで本社へ面接に行くと、とても不思議なことが起こったのです。

面接室に重役が十人近く並んでいた記憶がありますが、総合職を受けたにもかかわらず、『源氏物語』や古典文学と、国文学のことばかり質問されたのです。私はお茶の水女子大学の大学院に行きたかったので、卒業論文には一所懸命に取り組んでいましたが、「卒業論文も見せてほしい」とまで言われました。

重役の方に「ちょっと立ってみてください」とか「笑ってみてください」と言われたので、私は「何のこと?」と本当に不思議に思いました。

奇妙な面接を終えて、福岡に帰ってきた数日後の夜だったと思います。日本航空の本社から突然電話がかかってきて、「スチュワーデスになりませんか」と勧誘されました。スチュワーデスになることは思ってもいなかったので、非常に驚きました。

スチュワーデスという呼称は一九九八年に廃止され、現在は性別を問わず客室乗務員と呼ばれますが、当時はステータスが高く、花形職業と言われていました。当時のスチュワーデスの採用条件は、第一に容姿端麗で、第二に英語が堪能というものでした。しかし私は、それまでスチュワーデスという仕事を、自分の「憧れ」という範疇《はんちゅう》にすら置いたことがありません。

日本航空の担当者から「事務職でもスチュワーデスでも、どちらでもいいので、よく考えて明日返事をしてください」と言われ、私は受話器を置きました。

当時、スチュワーデスの定年は二十七歳でした。一方、総合職は五十五歳です。ところがあの頃はインターネットもなく、スチュワーデスの仕事について調べようと思ってもその手段がありません。「細く長く」働くのがいいのか、「太く短く」がいいのか、まったく見当がつかないのです。

そこで仲のいい福岡女子大の友だち数人に聞くと、「国際線に行ったら水杯《みずさかずき》で、いつ帰れるかわからないし、親の死に目にも会えない。雲の上の人になってみんなと離れるよ。それでいいの?」と言うのです。

五十年前の当時は今よりもずっと、「飛行機は危ない」という感覚が強かったので、「危険を冒してまでスチュワーデスにならなくても、安心安全な事務職の道があるなら、そちらを選択したほうがいいのではないか」というのが、周りの意見でした。加えてその頃、私の母が末期がんのため入院中で、「母を置いていくわけにもいかない」と、迷いに迷いました。

父にも、「日本航空から電話がかかってきて、スチュワーデスにならないかと言われたのだけれど、どう思う？」と相談したのですが、父だけが「なろうと思ってなれるものではない。会社がそう言うのならやってみたらどうか」と珍しく積極的でした。

かつて私が東京の大学に行くことに、あんなに反対した父が、日本航空のスチュワーデスと聞いたとたん、掌を返すように「行ったほうがいい」とか「若いときにやれることをやれ」と後押ししたのです。そこで私も意を決し、日本航空に電話で「スチュワーデスでお願いします」と申し出ました。

そこからスチュワーデス枠での採用に向けた本格的な面接が始まったのです。もうペーパーテストはありませんでしたが、外国人によるものも含めて合計五回の面接でした。

皇室フライト要員になる

その結果、私は晴れてスチュワーデスに採用されることになったのですが、あの当時、スチュワーデスの採用は一期二十人で、大卒の場合、慶應義塾大学や青山学院大学、学習院大学出身で、親が外交官か日航関係者の子弟という人しか採用していなかったと思います。そこに地方大学の国文学専攻の私が選ばれたこと自体が異例で、とても不思議に思いました。

入社後、スチュワーデスの訓練所に入ってからわかったことですが、これには大きな理由があったのです。

私が入社した頃の日本航空は、昭和二十九年にＩＡＴＡ（国際航空運送協会）に加盟して間もない頃で、パンナム（パンアメリカン航空）、英国航空の前身の一つである英国海外航空（ＢＯＡＣ）、ドイツのルフトハンザ航空などが国際線を支配していました。そういう中で、日本航空はこれから世界に打って出ようという草創期にあったのです。そこで当時、名君と謳われた二代目・松尾静磨《しずま》社長が「日本を世界に広めなければいけない。英語が話せても、日本のことを何も知らない人では駄目だ。二十人のスチュワーデス採用者のうちに一人か二人、国史か国文学専攻の人を入れなさい」と社長命令があったのだそうです。

当時の国際線は、ヨーロッパ線にしても、アンカレッジ経由の北回り航路もしくは東南アジアや中東を経由する南回り航路で、所要時間が何十時間もかかっていました。ファーストクラスには国を代表するような方しか乗らず、エコノミー席にはお客様がまばらという時代です。そういう中で、英語での対応ができるスチュワーデスはそれまでもたくさんいても、日本の文化や歴史をあまりよく知らない人が多かったというのです。だから重役面接のときに、あれほど国文学や卒業論文のことを聞かれたのかと、私も納得がいきました。

皇室フライト要員としての採用となり、入社式のときも総代を仰せつかり、特別な扱いを受けました。一緒に入社した同期生からは「お姫様」や「妃殿下」と言われ、分不相応な気もしましたが、「これで世界に羽ばたけるのだから」と思い直し、私は国際線スチュワーデスとしての新たな人生をスタートさせたのです。

思い返せば、人生における節目には、貴重な出逢いがあるものです。たとえば、福岡中央高校で国語を教えてくださった山内先生との出逢いがその典型でした。逆に言えば、私がピアノや声楽を一所懸命にやっていたとき、人生を左右するような決定的な出逢いがなかったから、私はその道には進まなかったのかもしれません。

やはり人生というものは、人格的に尊敬できる人物に出逢ったり、大きなチャンスを与えられたりすることで、大きく変わっていくものです。私が日本航空に皇室フライト要員として採用されることになったのも、入社してからその真相を知ることになったとはいえ、当時の松尾社長に大きなチャンスをいただいたことによるものです。

もともと私は、スチュワーデスになりたいと思って日本航空を受けたわけではありません。何か、目に見えない力に引き寄せられるようにして、ある方向に導かれていったと思えてならないのです。

国際線の舞台に立つ

私が日本航空に入社し、スチュワーデスの訓練を受けたのは、昭和四十四年、大阪万博以前です。あの頃のスチュワーデスは十カ月間にわたる英語での厳しい訓練を受けました。

皆さんのご記憶にあるかどうかわかりませんが、当時の日本航空のスチュワーデスはフランス製のスカイブルーの制服です。帽子はお椀のような形をしていて、制服の胸にはミキモトの真珠をあしらった「JAL」のロゴがワンポイントとなったブローチをつけていました。

その次の制服は、森英恵さんデザインの紺色のミニスカートに変わり、ジャンボジェット（ボーイング７４７）の時代になるわけですが、私はその頃にはすでに日本航空を辞めていました。

ところで当時、日本航空の国際線は、北回りのヨーロッパ線、南回りのヨーロッパ線、アメリカ線、東南アジア線の四セクターしかありませんでした。羽田から出ていたヨーロッパ線も週に二本ぐらいで、お客様もあまりおられなかったのです。

その頃のスチュワーデスは、だいたい一年で一つのセクターを担当するのが通例になっていましたが、私の場合は二カ月ごとに北回りや南回りといった、ほかのセクターのフライトが入ってきて、結局一年で四セクターすべてをこなすことになりました。

昭和四十五年に大阪万博が開催され、同年七月に日本航空のボーイング７４７第一便が羽田空港を飛び立つようになってから、日本にも空の大量輸送時代が到来し、国際線も大きく様変わりしました。その意味では、私がスチュワーデスとして勤務させていただいた頃は、古き良き日本航空国際線草創期の時代と言ってもいいのかもしれません。

当時、週二便のヨーロッパ線では、北回りならアンカレッジやコペンハーゲンを経由し、今のようにロシア上空は飛んでいませんでした。バンクーバーで二、三時間かけて給油するのですが、私たちはそこで交替です。飛行機を降りて市内にステイし、次の便が来るまで三泊して待つのですが、そのあいだにスキーをしたり雪山に登ったりして楽しみました。そして、次にやって来た便に乗ってロンドンやパリ、フランクフルトに行き、そこでまた一週間、ホリデーを過ごすのです。

もちろんフライト前日には待機していなければなりませんが、スチュワーデスにはそれまでは何の拘束もありません。これは、その間に英気を養うようにということではなく、あくまで運行している便数が少ない中で、次に来る便が到着するまでそこにいるようにということなのです。

今はどうか存じませんが、当時はスチュワーデスでも基本給としては、ほかの職業とさして変わりませんでした。ところが当時は羽田を出るとき、パーディアム（Per diem）と呼ばれる渡航滞在費が渡されるのですが、これが桁違いに高額なのです。パーディアムはお小遣いではなく、貯金することも許されず、全部使ってこなければなりません。

ＪＡＬの国際線は「日の丸」を背負っている存在ですから、泊まるホテルは超一流。国のメンツがかかっているので、食事についても「一流にふさわしいものを食べ、飲みなさい」と私たちは指導されていました。そのためのパーディアムなのです。

私は、皇太子様方が外遊される際に客室乗務員を務めるプリンスフライトに予定されていましたが、まだ新人だったので出番はありませんでした。結局、私はプリンスフライトを経験する前に結婚退職してしまうのです。

都築家との突然の出会い

その頃、私がいま総長を務めている都築学園グループ創始者の都築頼助先生と都築貞枝先生が、私の主人となった次男の泰壽《やすひさ》さんの結婚相手を探しておられました。

私は日本航空に勤めていましたが、ちょうど母ががんの末期で余命約一カ月という状態で、国家公務員共済組合連合会が経営している浜の町病院に入院していました。海外に出ると一カ月近く帰国できないので、帰省して母のお見舞いに行ったとき、主治医であられた同病院の操《みさお》院長先生から「ある私立学校の経営者の御曹司が、お嫁さんが決まらなくて困っている」と紹介されて、突然お見合いをすることになってしまったのです。

大事な母がお世話になっている病院の院長のお口添えということもあり、お断りもできず、仕方なく私は帰省の帰り際に二、三時間を割いて、普段着のままで頼助先生と貞枝先生、泰壽さんに会いました。福岡の実家にはお招きにふさわしいような服など何も置いていませんでしたし、その頃は全く結婚しようという気もなかったので、女子大時代の白いブラウスに紺のスカートで、あえてノーメイクで素っぴんのまま出席しました。

お見合いをして初めてわかったのですが、私が福岡女子大の国文科で指導を受けた恩師が、たまたま頼助先生と懇意にされていたのです。かなり手広く結婚相手を探されていたようで、いろいろな経歴の方が候補に上がっていただろうと思うのですが、お見合いの席で、頼助先生と貞枝先生から「ぜひ嫁に来てくれ」と強く懇願されました。

都築家はもともと医師や薬剤師ばかりが多い家系で、国語・国文学者の頼助先生は「文系は自分一人で、孤立無援の状態だ」とおっしゃっていました。そのため、「同じ分野を学び、同じ考え方を持つ人が家族の中に入ってくれれば嬉しい」と、頼助先生に加え、貞枝先生にも熱心に誘われたのです。

何の準備もせずたまたま出会った席で、どこを見込まれたのかわかりませんが、後々話を聞くと、主人も含めて、三人の意見が初めて一致したお見合い相手が私だったということです。これにはさすがに困ってしまいましたが、運命の導くままに、私は結婚を選択しました。

昭和四十五年の八月末にお見合いをしてから、日本航空には籍を置いたまま、一カ月後に式を挙げました。その後、紆余曲折もありましたが、私は日本航空を退職し、都築家に入ることになります。

「自分をなくさない生き方をしてほしい」

先にも述べたように、私の母は控え目でしとやか、貞淑で、それこそ父に尽くし、家族に尽くすような一生を送ってきた人でした。

その母から「士族の誇りをなくしてはいけない」ということを、子どもの頃から言われて、私は大きくなりました。

「女性も教養がなければいけません」とか「仁子さんは大学に行ったほうがいい」といった、私の将来に関わることについて母が語ったひと言ひと言が、彼女が四十八歳という若さで亡くなったがゆえに、私の記憶に強く刻み込まれています。

都築家に嫁ぐ少し前のことですが、私は母が亡くなる一カ月前に、「お母さんは今まで幸せだったと思う？」と聞きました。

すると、「夫や子どもたちにも恵まれたし、幸せは幸せだと思うけれど、ただ自分というものがなかったと思う」と答えたのです、これは私にとって、とても意外な言葉でした。

「私のように、家族に尽くすのも一つの生き方だけど、茶道でもいい、華道でもいい、先生になるのもいいから、何か一つ、自分というものを持ちなさい。自立した女性になってほしい」と母は言いました。

大正生まれで、士族の家に育ったこともあり、素直でやさしい性格の母でしたが、心の中に秘めた強い思いがあったのです。

日本航空に就職するとき、母はがんで余命が一年だと父から言われていたので、私は「このまま母から離れていいものか」と、非常に迷いました。実際、当時は九州から東京に出たり、海外に出たりすると、親の死に目に会えないといわれる時代でした。

とくに国際線スチュワーデスは、いったん飛行機に乗ったら何週間も日本に帰ることができません。自分が今からそういう職業に就くことを非常にためらいました。間もなく亡くなることがわかっているのに「このまま母を置いて出ていいものか。家に残って看病し、最期を看取ってあげたほうが親孝行ではないか」と、逡巡したものです。

さんざん迷ったあげく、私は無理を承知で日本航空にお願いし、入社を半年遅らせてもらいました。

ところが、母は私が迷っていることを知っていて、「行きなさい。私のことは心配しなくていいから。普通ではなれないスチュワーデスになれるのだから。自分の職業を持ち、そこで頑張ってくれるほうが嬉しいよ」と言ってくれました。私は「お母さんがそう望まれるのだったら、出ようかな」と、涙を呑《の》んで家を出ました。母の代わりに夢を託されたような形で――。

後日談になりますが、私が主人とお見合いをした日は、母が亡くなる前に、どうしてもひと目会いたいという思いで無理にＪＡＬに休暇をお願いし、帰省したときだったのです。

その頃、母は九月までもたないと言われていましたが、私を気に入りすぐに結婚式を挙げたいと思っていた主人と、「母に花嫁姿を見せてあげられるかもしれない」という私の思いが一緒に働き、結婚話はとんとん拍子に進んでいったのです。

学園創始者・都築頼助先生と貞枝先生

話が前後しますが、頼助先生は國學院大學文学部に学び、民俗学者の折口信夫先生や言語学者・国語学者の金田一京助先生から薫陶を受け、福岡教育大学で長く国語や国文学の教授を務めた方です。

また貞枝先生は昭和二十三年六月に、戦後に全国で女性で初めてとなる県立高校の校長に抜擢され、五十年にわたる教職歴を持つ教育者でした。

その頃は今と違い、女性の先生自体がまだ珍しい時代で、公立高校では旧師範学校か旧帝国大学の出身者しか校長になっていません。その中で実践女学校（実践女子大学の前身）専門部家政科の一回生で、輪島町立高等女学校（現・石川県立輪島高等学校）で教師をしたりと、主流とは言えない、しかも女性の教育者が選ばれるということ自体、日本の戦後教育における歴史の中で、あり得ないことが起こったと言ってもいいことなのです。

女性校長の任命は、昭和二十二年に施行された日本国憲法が掲げる男女平等の「錦の御旗」として、国の意向があったのはもちろん、当時の福岡県知事が「公立高校第一号の女性校長を福岡県から出したい」という思いを強く抱いていたことも背景にあるようです。そこで白羽の矢が立ったのが貞枝先生でした。

これは都築家にとっても大変名誉なことで、前例のない日本初の公立高校の女性校長に任命された貞枝先生は一躍、世間の注目を浴びることになります。最初は自身が勤務されていた福岡県立西福岡高校の校長になり、二年後の昭和二十五年三月には福岡県立筑紫中央高校の校長に転任され輝かしい業績を残されましたが、昭和二十九年、筑紫中央高校での二度にわたる不審火に責任を感じ、昭和三十年三月にみずから職を退かれました。

その背景には、昭和二十三年に新制高校がスタートして以来、公立高校では詰め込み画一教育で、進学最優先という道をたどり始めていた事情があったのです。貞枝先生の校長就任以来、筑紫中央高校にも志望者が殺到し、さながら受験地獄の様相を呈するようになり、貞枝先生は「点数至上主義」に深い疑問を抱かれ個性を伸ばす私立学校の創設を志すようになります。

「私は高校で花開いたから、高校から始めたい」という貞枝先生の思いのもとに、学校法人高宮学園（現・都築学園）福岡第一高等学校が開校したのは昭和三十一年四月。昭和三十年に貞枝先生が、頼助先生とともに理想的な私立学校を創設し、私学教育に奉仕することを決意されてから、約一年後のことでした。

頼助先生は定年まで福岡教育大学に勤務されていましたが、福岡第一高等学校の設立にも尽力しています。「個性の伸展による人生練磨」を始めとする教育の理念や方針を打ち立てられたほか、文部省や県に提出する書類の準備や作成を、頼助先生が一人で請け負っていたそうです。

私も学園草創期の頃の苦労についてお聞きしましたが、その四年後の昭和三十五年四月には第一薬科大学を開校しており、その展開のスピードの速さに驚かされます。

「嫁入り」ではなく「弟子入り」

私が主人と結婚したのは昭和四十五年十月ですが、「嫁入り」と言うよりもむしろ「弟子入り」のような形で都築家に迎え入れられました。

頼助先生も貞枝先生も、教育に対して厳しい方でしたから、家庭内では朝から何かと議論が絶えないのです。福岡教育大学に勤務しながら学園長を務めていた頼助先生は、いわゆる教学の部分を担っていらっしゃいましたが、教育の哲学や質へのこだわりが強く、理論通りにいかなければ気が済まない方でした。

ところが学校の経営は、福岡第一高校の校長と第一薬科大学の理事長などを兼任されていた貞枝先生の仕事です。職員の採用から組織の運営、職員会議などに至るまで、経営はつねに現場や現実を考えざるを得ません。その意味で、頼助先生のおっしゃる教育の理念と経営は相反する部分が少なくなく、落としどころを探すのが難しかったのです。

そのため私が嫁いだ頃も、家の中では頼助先生と貞枝先生に加え、松下幸之助さんを非常に尊敬していた主人も交えて、侃々諤々《かんかんがくがく》の議論がひっきりなしに続いていました。三人それぞれがその道の大家なのでお互いに譲りません。議論のたびに「仁子さん、あなたは三人のうち、どの意見が正しいと思いますか」と必ず聞かれて、応対に困りましたが、それも今となっては懐かしい思い出です。

頼助先生は、私が嫁いだ二年後の昭和四十七年に亡くなってしまいました。私は頼助先生の著作などの口述筆記を通じて、先生が語られる教育の理念をまるで遺言のように受け取りましたが、教育の理念と経営は簡単に分離できるような問題ではありません。理想を高く掲げても、生徒たちがきちんと及第し、進学することを考えれば、あまり多くの人数を受け入れることはできません。ところが逆に、学生たちをあまり厳しく選抜しすぎると、私立学校はたちまち立ちゆかなくなります。

その意味で、経営者は孤独だとよく言われますが、学校の経営を一人で担っていた貞枝先生は、月謝一つを決めるにしても、孤立無援でかなり苦労なさったことと思います。ですが、そこは貞枝先生の人徳で、開校当初は、故郷である徳島県の財界人の方から土地の提供や寄付などのご支援をいただき、非常に助けられたと聞いています。

それにしても、都築家での生活は、明治維新の志士を育てた松下村塾を思い浮かべるような、非常に質素なものでした。第一高校の校門前のとても古い建物で、家の中には家具などの調度品がほとんど何もなく、文字通り、帰って寝るだけの家なのです。教育に打ち込み、すべてのエネルギーを注ぎ込んでいたため、家ではほかのことを放念してしまっていたのでしょう。

貞枝先生は普段着も持っておられず、「いつ何が起こっても、すぐに飛び出して行けるように」とおっしゃって、仕事着のまま休んでいらっしゃいました。

明治の文豪・森鷗外も、軍服を着たまま寝てしまうので、奥様が非常に困られていたそうですが、それは「自分は軍医だから、寝ていても戦場にいるつもりで仕事をしなければならない」という覚悟の表れであり、貞枝先生も同じ気持ちだったのでしょう。

寝具も横になるだけの宿直室のようでした。冬には、炬燵《こたつ》に寝ていたというのですから驚きました。質素を通り越して、まさに「常に戦場にあり」を地で行くような雰囲気でした。

貞枝先生から学んだ「明治の知恵」

このようにして四人の同居生活が始まったのですが、当時の私にやれることは、頼助先生の口述筆記のほかに、掃除洗濯の手伝いぐらいしかありませんでした。

お恥ずかしながら、私は廊下の雑巾がけも「雑巾はこうして絞りますよ」と、家政科の専門家である貞枝先生に教わりました。貞枝先生はほかにも「洗濯ものは叩いて干します。アイロンをかける時間が省けるでしょう」ともおっしゃっていました。

当時の洗濯機は二槽式が主流でした。片方の槽で洗いとすすぎをしたあと、洗濯物をもう一方の槽に入れて脱水して干したあと、アイロン掛けをするのが普通です。ところが貞枝先生は「軽く脱水すると、その後広げて叩き、しわをよく伸ばしてから干すとピンと張るので、アイロン掛けの手間が省けます」と、生活の知恵を伝授してくださいました。

また貞枝先生は、私が嫁いできたことを機に、それまでの簡素な朝食は教育上よくないと思われたのか、同居して二月が経った頃から、皆で普通に朝ご飯を食べるように変わりました。

当時の電子ジャーは、ご飯を炊くだけで保温機能がついていないものでした。前の日の晩にお米を研いで仕込みをするのですが、貞枝先生は、私が米を研ぐ姿を横で見ていらっしゃいました。私は、子どもの頃に母が家事を一切させてくれなかったので、ご飯を炊いたことがありません。私がご飯を三合炊くのに、お米を電気釜の内釜の「3」の目盛りまで入れてしまうと、貞枝先生は「米三合はカップで計るのですよ、『3』は水の量です」

と言って笑われました。

ほかにも貞枝先生からは、お米の研ぎ汁は取っておいて畑にまくとか、出汁《だし》を取るには前の日から水に昆布やいりこ（煮干し）を浸けておいて一晩置いておくという、日本式の家事の基本を学びました。家庭科の教科書通りというより、まさに明治式のやり方です。

じつは、貞枝先生からその頃に教わったこうした基本が、いま私が日本精神の大切さを訴えていく中で大きな力になっているのです。

海外に憧れ、アメリカナイズドされた若い頃には、正直言って戸惑いを覚えたこともありましたが、今考えてみると、一年半にわたる同居生活の中で、省エネやエコロジーを大事にしてきた和の伝統の基本を、私は貞枝先生から教わったのです。

その一方で、私は日中には頼助先生の書斎に入り、著作も数多く出されていた先生が語られる言葉一言一句を必死に書き留めました。頼助先生のお話の中には、国文学を専攻していないとわからない言葉が数多く出てくるので、それらを正確に理解して筆記しなければなりません。校正も行い、完成原稿を印刷屋さんに渡すところまでお手伝いをさせていただきました。

こうした一年半の同居生活はまさに修行と言ってもいいもので、私にとって、とても大切な宝物です。

都築家での同居生活を通じて、私は生きた教訓を学び、都築学園グループの「建学の精神」の本当の意味や、過去のさまざまな場面で頼助先生や貞枝先生がなぜそういう決断をしたのかということを、直に教わりました。

今の私の原点は、まさにそこにあるのです。

二人の母から託された運命

それにしても、今振り返って改めて思うのが、私にとってかけがえのない二人の母の存在の大きさです。

昭和四十五年十月十一日に結婚してから約二カ月後の十二月二十一日に、母は亡くなりました。「自分というものを持ちなさい」「自分の職業を持ち、そこで頑張ってくれるほうが嬉しい」と私に夢を託した母と入れ替わるようにして、貞枝先生が、私の次の母になったのです。貞枝先生は、母が亡くなるまでの約二カ月の間、頻繁に母をお見舞いしてくださいました。

母は病床で「娘に花嫁修業もさせていません」「私がこんな状態で花嫁支度もかなわな

いので……」と言って貞枝先生の手を握りました。

するとと貞枝先生は「何も心配しないでください。身一つで来てもらっていい。三国一の花嫁が見つかって、私たちは喜んでいますから」と話してくださいました。母親同士で、病室ではそんな会話をしていたのです。だから実母も「あのお母さんがいらっしゃるから大丈夫よね」と安心していました。

貞枝先生は私を呉服屋さんに連れて行ってくださって、着物や留袖などを揃え、さらに箪笥《たんす》に到るまで、いわゆるお嫁入り道具をすべて準備してくださいました。貞枝先生にしてみれば、「大切なお嬢さんをお預かりした」という気持ちだったのでしょう。

母が亡くなった日、ちょうど息を引き取ったそのときに、貞枝先生はドアを開けて病室に入ってこられました。お見舞いの風呂敷包みを手に、「間に合わなかった」と言って声を上げて泣いておられました。

私は結婚して以来、都築家で多くのことを教わりましたが、貞枝先生はことあるごとに「あなたのお母さんにも頼まれているしね」と言って、真心を込めて私に接してくれました。貞枝先生は姑さんというより、私のもう一人の母です。

一方、もう一人の父である頼助先生は、私が都築家に嫁いだとき、「律子が帰ってきたような気がする」と言って私を迎えてくれました。

都築家の長女の律子さんは、十四歳のときに腸結核で亡くなりましたが、文才が非常に豊かで膨大な量の俳句や短歌、詩を遺されています。「ちゅんちゅんと雀が鳴く悲しさよ」「泣いてみた私のからだのこの細さ」という彼女の作品一つをとっても、とても子どものものとは思えません。おそらく頼助先生の文才を受け継がれたのだろうと思いますが、たまたま国文学を専攻し、同じような考え方を持つ私が都築家に来たことを、頼助先生は、律子さんが生まれ変わったかのように、心から喜んでくださったのでしょう。

私は、何か運命的なつながりを持って都築家に嫁いだような気がしてなりません。「戻るべきところに、私は戻った」というのが正直な気持ちで、何の抵抗もなく自然に、私は頼助先生と貞枝先生から、いろいろなものを一気に吸収したのです。

もう一人の母である貞枝先生も昭和六十二年に亡くなってしまいましたが、いま私は貞枝先生の遺言を守るようなつもりで、日々の学園運営に励んでいます。

振り返ってみますと、貞枝先生に出逢ってから先生が亡くなるまで、いろいろなことを教えていただきましたが、その教えが今の私の活動の背景もしくは信念のようなものになっています。ごく平凡で、しかも血がつながっていない他人である私を、ここまで信頼して学園を任せていただいた、その気持ちを裏切れないという気持ちで、私は今もずっと突っ走っているのです。

生みの母と貞枝先生という二人の母から夢を託されたことを、私は嬉しく思っています。

第二章

「自主独立」の学校経営

数値で人の価値は計れない

私が都築家に弟子入りしたような格好で始まった、主人と頼助先生、貞枝先生との共同生活は、それこそ毎日が勉強でした。最初の頃は、朝から頼助先生の書斎で鉛筆を削り、先生が語る理念を聴きながら、口述筆記を続けました。

都築家では、理念的な部分を頼助先生が確立し、その実践を担っていたのが貞枝先生です。頼助先生がよく言われていたのは、幕末に吉田松陰が維新の偉人たちを数多く育てた松下村塾と同様に、「どんな人にも、それぞれ生まれ持った特色がある」ということです。「偏差値、要するに数値で人間《ひと》の価値は計れない」と、偏差値全盛の時代だったあの頃、頼助先生は盛んに言われました。

人間一人ひとりが生まれ持っているものは「個性」、すなわち特色であり、それは数値では表すことができない、というのが頼助先生の持論です。

「一人の人間の特色を数で表すことはできないはずなのに、機械でもない人間の価値を、試験の点数や偏差値といった数値に置き換えようとすることには非常に無理がある。だから私たちは私立学校をつくり、自分たちの考える教育を行うために、福岡第一高校を設立した」

それが都築学園の理念であり、そのヒントは松下村塾からきていたのです。

頼助先生は非常に博識かつ勉強家で、福岡県の国漢部会の要職をなさっていたので、漢籍にも詳しい方でした。頼助先生は、仏教関係の哲学の中から、都築学園の理念におけるルーツである「第一義諦《ぎたい》」という言葉に出会われたのです。

頼助先生と貞枝先生が最初に設立された福岡第一高校や第一薬科大学などの校名も、この「第一義諦」という言葉に由来しています。

「第一義諦」とは、「真実なるもの」や「尊いもの」を意味し、仏教で最も大切にされている言葉です。仏典の中に「第一義諦」という言葉が出てくるときは、そこだけがゴシック体で大きな文字になっているそうです。仏教学の中でも、宗派を問わずにそれだけ大事にされている理念で、頼助先生も「私はこの『第一義諦』を理念に掲げて教育をやるんだ」と言われていました。

もっとも、そこで立ち止まっていないのが頼助先生の素晴らしいところで、頼助先生は「第一義諦」という仏教哲学の言葉から、「個性の伸展による人生練磨」という都築学園の建学の精神を引き出されています。「人生練磨」という言葉があとに続いているところが重要で、個性の伸展は学校教育だけで終わるものではなく、一生をかけて行っていくものなのです。

人生練磨とは、自分の好きな道や得意な道で得手に帆を揚げ、悪戦苦闘していくことを意味します。それが、あなたの生きた証であり、「自分はこの道では誰にも負けない。お金も時間も関係なく、すべてを懸けて、徹底してやり遂げた」と、一生を終えるときに誇りを持って言えるところに、人生の価値が生まれてくるのです。

「命がけで好きなことをやりなさい」

頼助先生は、「個性の伸展による人生練磨」という建学の精神は、「自分はこれが好きで得意だということを、命がけで一生極めていきなさい、というエールなのだ」と語られています。

じつはその頃、頼助先生はがんの末期で余命幾ばくもない状態でしたから、ご自身の生き方も振り返ったうえで、「自分の命を費やしてやるのが教育だ」と思われていたのでしょう。

都築学園の建学の精神に「個性の伸展」だけでなく「人生練磨」という言葉まで加えら

れたのは、「命がけで、一生をかけて自分の好きなことをやりなさい」という思いを込めてのことだったと思います。

となると、これは個人の情熱の問題ですから、自分の好きなことを命がけでやろうと思えば「休めない」とか「ご飯も食べる暇がない」という愚痴などは言ってはいられないはずです。私は少なくともずっとそう思ってきましたが、こういう考え方は必ずしも多数派ではないということも、最近理解するようになりました。

それでも私は、一人でも多くの人が、自分が生きる人生の価値や役割、あるいは天職というものに目覚めるようになってほしいと思うのです。

なぜなら、人間の命が一つしかないように、人間の個性も一つしかないからです。

個性は唯一無二であり、一人ひとりの生まれ方が異なるように、一人ひとりの人間は、それぞれ異なる役割を与えられて、この世に生まれてきているのです。

個性といってもわかりにくい部分があるので、私はいつも「天職に目覚めてほしい」と話しています。そもそも「個性が大切です」と言われても、「個性が何かがよくわからない」という人も少なくないからです。

個性とは「固有のもの」であり、最終的には「自分はどんな存在で、他とは何が違うのか」というアイデンティティ（identity）の問題に行き着くのです。一般的に「個性」の訳語として当てられる「インディヴィデュアリティ（individuality）」や「パーソナリティ（personality）」は、それとはニュアンスが異なります。英語の辞書で「identity」を引くと、「同一性」と「個性」という訳語になっています。

その意味で、グローバルの時代に日本という国も日本人も、日本企業もアイデンティティをしっかり持つべきでしょう。英語の文章で〝I〟がどこに来ても大文字であるように、「私」という固有存在はまさしく天上天下唯我独尊であり、もっとも大切なのは個性なのです。

個性はもちろん「わがまま」ではありません。一人ひとりの人間が持って生まれた天性、天賦の才を意味します。「天性」にも「天賦」にも「天」という言葉がついていることが重要で、天職とは「その個性に与えられた使命」なのです。

「個性の時代」に個性が活きない日本

つまり、私たち一人ひとりが、この世に二つとない個性を発揮し、それぞれ異なる役割を果たすために天から与えられた仕事が天職であり、職業には本来、これが尊いとか卑しいというものはありません。これはまさに「職業に貴賤なし」で、たとえば江戸時代を例に取れば、箱根山へ登るには駕籠《かご》に乗る人だけでなく、駕籠を担ぐ駕籠かきや、彼らが履く草鞋《わらじ》をつくる人が、世の中にはそれぞれ必要でした。

ところが二十一世紀の日本では、ある意味で「職業に貴賤なし」という意識が薄くなってきたと言わざるを得なくなっています。

今では誰もが駕籠に乗る人になりたがっていて、駕籠を担ぐのを嫌がり、草鞋をつくる人もほとんどいなくなってしまいました。とくに、この機械化・グローバル化の時代に草鞋をつくっても儲からず、会社も家計も回りませんから、草鞋づくりを続けることは簡単なことではありません。ところが、たとえお金にならなくても、社会的な地位がなくとも、職人さんたちは何十年も草鞋をつくり続け、お客様に喜んでもらったという時代が、日本にはずっとあったのです。

今は、学歴がすべてを支配する世の中になっていて、良い学校に行き、良い会社に就職したり、良い職業に就かなければ、本人も幸せを感じられないし、親も喜ばない社会に、みんなが生きています。そのため、一所懸命に草鞋をつくり続けるとか、洋食器などの金属製品を磨き続けるという世界に天職があることに、ほとんど誰も見向きもしなくなってしまい、後継が危機的状況になっています。

なぜなら、ものづくりなどの技能を活かした仕事は、大学を頂点とした学校教育とはあまり接点がないからです。そのため、学歴ばかりが偏重される今の日本社会では、こうした仕事を継ぐ人がいなくなり、その職業自体が存続の危機に立たされるということが起こり始めています。このままでは近い将来、草鞋をつくる職人も、磨き職人も本当にいなくなってしまうかもしれません。この問題は、一人ひとりの個性を大事にし、活かしていく機会が狭まってきていることを暗示しているのではないかと思います。

そもそも日本には、百人百様、さまざまな仕事を生業とする人が必要なのだという職業教育が行われていません。そのため大人も子どもも、有名一流企業に就職することばかりを志向し、それが駄目なら、「私は一流企業に入れなかった」と挫折してしまうのです。

このように、受験だけでなく就職までもが偏差値の悪影響を受けていて、会社側も、自社にエントリーした学生たちを偏差値で見ているのが現実です。

日本には約四〇〇万の会社がありますが、大企業は約一万二〇〇〇社しかありません。そのうち東証一部に上場している企業は二〇〇〇社にも満たず、さらに一握りの有名一流企業に学生のエントリーが大量に集中するということ自体が、日本の不幸を象徴しているような気がします。

自分の個性を発揮できる場が、そういう有名一流企業にしかないということはあり得ません。世の中全体が偏差値にとらわれて、一人ひとりの人間が持って生まれた天性、天賦の才に本人も周囲も気づかず、天職に出会うことが難しくなってきているのです。

しかも多くの人が、限られた良い学校に入り、限られた有名一流企業に就職することが良いことだと思い込み、そこにコンプレックスを持つようになったら悲劇です。一流企業に入れず挫折する人がいる一方で、一流企業に就職できた人も、その目標が達成された時点で「もうこれでいい」と安心し、さらに上を目指していくようなハングリー精神が持てなくなることが少なくありません。

昔は新入社員でも「私は将来、社長を目指します」という人がたくさんいましたが、今では「会社の中で偉くなろう」という大志を抱いている人は少数派かもしれません。むしろ「出世はしなくてもいい」とか「今のままでいい」という現状維持を望む声が多くなっているようですが、そういう社員ばかりになってしまった会社は、非常に不幸だと言わざるを得ません。

現代の日本に「松下村塾」がない理由

頼助先生は「数値で人は計れない」とおっしゃっていましたが、まさに職人こそ、偏差値で計れない世界の最たるものです。たとえば持てる技を尽くし、一生をかけて工芸品をつくり続けていくような人を、どうやって偏差値で計るのでしょうか。

残念なことですが、これは職人の側にも問題がありそうです。そういう偏差値では計れない世界にこそ、ほかにはない希少価値があることをきちんと伝えていないので、自分の子どもが「東大に行きたい」とか「慶應に行きたい」と一般的なことを望んで家業を継ごうとせず、大学を出てからよくあるサラリーマンや公務員になったりしてしまうのです。そして五、六十歳になってハッと気がつき、「やっぱりお父さんの跡を継ぎます」と言い始めるのですが、それではもう手遅れです。

これはやはり小学校、中学校、高校で「五教科で良い点数を取ることがいいことだ」という誤った価値しか教えない今の教育に問題があるのであって、これでは跡継ぎが育ちません。公務員やサラリーマンの家庭に生まれ、何も継ぐものがない人なら、公共の教育機関で勉強し、会社勤めをするのもいいでしょう。ところが、昔ながらのものづくりや伝統的な技能といった守り伝えるDNAを持っているような人が、公共の教育機関に行ったら困り物です。相撲も歌舞伎も「東大出の人しか雇いません」ということになったら、日本国は終焉《しゅうえん》ではないでしょうか。

学校、なかでも公教育は、日本の場合、何でもできるジェネラリストを育てるためにあるようなものですが、アメリカでは逆に、公教育とは個性を育てるためにあるものです。

アメリカには、天才児（ギフテッド）や特殊な才能を持つ子どもたち（タレンテッド）に、学校推薦のうえ選抜を行い英才教育を実施する「GATE（Gifted and Talented Education）プログラム」というものがあります。ギフテッドだけを集めた学校やクラスで一定時間勉強したり、一般の生徒と一緒に勉強しながら特別の課題を与えられたり、飛び級などのプログラムがあったりと、非常にハイレベルな教育が行われていますが、すべての科目に秀でることを求められているわけではありません。

ところが日本の公教育を受けると、不得意科目を克服させる努力ばかりが求められます。日本では「体育は5が取れているから、もういいです。苦手な算数が4になるように頑張りなさい」というのが一般論で、子どもたちが得意なものや長所をもっと伸ばすのではなく、個人の能力を平準化する方向にエネルギーを注いでしまいます。何でもやれる器用な人を育てるのは、それこそ公務員教育、ジェネラリストの養成にほかなりません。

一方、天才的もしくは何かの分野で秀でた能力を持つ人は、たいていは母親の役割になるのですが、「もっと自分の長所を伸ばしなさい」と言ってくれる人がいないと、才能を開花させることができません。あの発明王エジソンも学校では劣等生で、自分がわからないことがあると所構わず「1＋1はなぜ2になるのですか」という質問をする子どもだったため、小学校を中退させられ、元教師の母親が勉強を教えていたのです。

エジソンのように、ある分野で秀でた能力を持つ人は、いわゆる世間で言う一般的なことや標準的なこと、常識的なことになかなか適応できません。にもかかわらず、日本には「自分の得意なことや好きなことを、もっとやりなさい」と言ってくれるような学校は皆無で、そういう子どもたちを学習障害（ＬＤ）や注意欠陥・多動性障害（ＡＤＨＤ）に分類し、一人ひとりの才能を発掘する努力を怠っているのではないかとさえ思えてなりません。

江戸時代末期に、武士や町人などの身分にかかわらず、若者たちを広く受け入れ、一人ひとりが持つ才能を発掘し、開花させることを実践したのが、私塾である松下村塾でした。

叔父が開いた松下村塾を受け継いだ吉田松陰は、「大和魂」を旨とし儒学や兵学、史学を始めとする幅広い学問を教えましたが、松下村塾には正式な教育課程がなく、塾生の年齢や能力に応じて教える内容を変えていました。これは公的な教育機関である藩校ではあり得ないことです。

吉田松陰はまた、この人の良いところはこれだということを直感的に見極め、個性を伸ばす指導を行っていました。たとえば非常に頑固で押しの強い性格だった高杉晋作を指導するのに、性格が反対の塾生と競い合わせたのです。そして高杉晋作に対しては、その塾生の博識を褒め、その塾生には晋作の才能を褒め、それぞれが自分の持ち前において優れた人物だと諭していきました。

その意味で私は、吉田松陰は学問を教える先生というよりも、人の才能を見極める達人だと思います。一見どこにでもいる普通そうに見える馬も、伯楽が見れば、これは名馬だと見抜くのですが、そういう名伯楽が今の教育界にいないのです。

それでいて、学校では「一年生はこれ、二年生はこれ」と、学年ごとに決まったことをやり、家庭では親が「なぜこんな点数しか取れないのか、もっと努力しなさい、塾に行きなさい」と子どもたちを叱っています。このように、先生も親も子も、みな画一化された偏差値教育に従っていては、子どもたちの個性が育つはずもありません。

そこで都築学園では建学の精神を守り、生徒たちが好きなことを学ぶことができるように、福岡第一高校では創立以来、普通科だけでなく多様な学科構成を持っています。また、週休五日制が導入されて休日となった土曜日に、授業では学ぶことができない資格や教養、スポーツ、ボランティアについて、一流のプロ講師による実践的な指導が受けられる「パラマ塾」も開講しました。演歌歌手の氷川きよし君もパラマ塾の芸能塾で歌の才能を見いだされた一人ですが、こうした個性を伸ばす教育の試みについて、詳しくは後述することにします。

生徒たちはみな「わが子」

福岡第一高校が昭和三十一年に開校し、やっと卒業生を出すようになったところで、頼助先生と貞枝先生は、第一薬科大学の設立申請書を文部省に提出します。

頼助先生と貞枝先生が第一薬科大学をつくろうと思われたことには、大きな理由がありま す。じつは、戦後間もない頃に、長女の律子さんが腸結核で命を落とされていたのです。頼助先生と貞枝先生は律子さんを救いたいと八方手を尽くされたのですが、その当時、腸結核は不治の病で薬石の効なく、律子さんは十四歳の若さで亡くなられてしまいます。

ところがその翌年に、アメリカから特効薬のストレプトマイシンがもたらされ、当時日本に数多くいた結核患者の命が救われることになりました。それを目にした頼助先生と貞枝先生は、長く「死の病」と言われた結核も、抗生剤があれば、これだけ多くの人の命が救われるという事実を深く受け止められたのです。そこでお二人は、次に大学をつくるときには薬学部を設立したいと考えていらっしゃいました。そういう、お二人の律子さんへの追悼の思いが、第一薬科大学の開設へと自然に向かっていったのでした。

実際、頼助先生と貞枝先生は、昭和三十一年に福岡第一高校を開校してから、昭和三十五年に第一薬科大学を開校するまでの四年間、非常に無理をされています。いま想像しても、資金づくりや土地建物の取得の苦労はもちろん、福岡第一高校に引き続き第一薬科大学の設立申請を行うこと自体、大変なことだったと思います。

とても運命的なものを感じてしまうのですが、貞枝先生は昭和二十三年六月二十日の夕刻に、福岡県知事から「西福岡高等学校校長に補す」という電報を受け取っています。それが、貞枝先生を全国初の公立高校の女性校長に任命するという辞令だったわけですが、まさにその日は律子さんの四十九日の法要の最中でした。

家族としては、律子さんが犠牲となり、母親が立身出世したと受け止められても仕方のない状況でした。律子さんを亡くし、悲しみの淵に追いやられていたそのときに、全国初の女性校長就任の辞令を手にしたのです。そういう吉凶が重なり合った状況に、頼助先生も貞枝先生も、運命の数奇さを深く感じられたことでしょう。

「親として救ってやれなかった律子の生命に報いるために、そして同じように病に苦しむ人のために、なんとしても薬科大学をつくりたい」というお二人の思いから、第一薬科大学はスタートしているのです。

頼助先生と貞枝先生は、観念的な理想から学校を設立されたというよりも、切実な親心から学校を興しておられることが非常に特徴的です。子どもを育て、教育していく中で培われた親としての情の部分が、私学教育という事業を通じて社会化していくところに、都築学園のルーツがあるのです。

事実、新入生や親御さんたちは、創立者である頼助先生と貞枝先生は「お父さん、お母さんのような気がする」と、みなさんがおっしゃっていました。わが子と同様に数多くの子どもたちに向き合う、お二人の温かい心が伝わっていたのでしょう。

ひとくちに子どもたちと言っても、性格や好き嫌いが似ているように見える兄弟でさえ、一人ひとりの持つ個性は異なります。だからなおさら頼助先生も貞枝先生も、数多くの生徒さんを預かって見ている中で「この子はこんなに優れているところがあるのに、点数だけで進路が断たれている」と、内心忸怩《じくじ》たる思いを抱かれていたのではなかったでしょうか。

進学でも就職でも、すべてが点数で決定されることに対して、「これでは育つべきものが育たない」と親心から疑問を抱き、そこから「個性の伸展」という建学の精神を生み出されたのだと私は思います。

その意味で、都築学園にとって、生徒さんはすべてが「わが子」です。

貞枝先生はインタビューで「お子様は何人ですか?」と聞かれると、「一万何千人かな」とよく笑って答えていらっしゃいました。学園の生徒たちについて語るときも、「みんなわが子」という学園の母としての言葉から話が始まるのです。

学校という教育機関をつくって、子どもたちを社会的にもしっかり守り、良いところを育ててあげたいという親心から、都築学園の歴史は始まっているのです。

松下幸之助さんに学んだ経営

　頼助先生が昭和四十七年十月に亡くなったあと、貞枝先生も昭和六十二年十月に亡くなりました。頼助先生と貞枝先生は、生前に福岡第一高校と第一薬科大学に加え、昭和四十三年に開学した第一経済大学（現・日本経済大学）までは見てこられましたが、とくに貞枝先生が亡くなられたあとから都築学園は全国展開を本格化させたので、いまお墓の中からお二人が現れたら、とても驚かれることでしょう。

　都築学園の全国展開を進めるにあたり、多くのことを学ばせていただいたのが松下電器産業（現・パナソニック）創業者の松下幸之助さんでした。

　主人が幸之助さんを崇拝していて、個人的にも私淑しており、たびたびお会いしていたのです。京都・東山山麓南禅寺畔に幸之助さんが構えた一邸「真々庵」にも何度か招かれましたが、その庭の一角に、森羅万象、宇宙万物の根源に感謝と祈念を捧げるため、「根源社」と呼ばれる社をつくられていたことが、非常に印象的でした。

　折にふれて幸之助さんは、「根源社」の前で座禅を組み、瞑想されていましたが、日本人は思想を突き詰めていくと、同じ思いになるのではないかと思わざるを得ません。実際に、あの場所に行ってみたところ、幸之助さんがおっしゃりたかったことや、おやりになろうとしたことが、脈々と伝わってくるような気がしたものです。

思い起こせば、貞枝先生にもそういうところがあったと思うのですが、明治生まれの方は、純粋に国を思う気持ちや愛国心からくる、同じような考え方を持っておられたような気がします。事実、幸之助さんは〝国民の〟〝全国の〟という意を持つことから「ナショナル」というブランド名をつけられ、また「日本をよくしたい」との思いでＰＨＰ研究所や松下政経塾を創設されているわけですが、それこそ日本人の誇りではないかと私は思うのです。

都築学園の全国展開は、頼助先生と貞枝先生が福岡に築いたものを原点と言うなら、それを線から面、立体という三次元に持っていくという考え方で進められました。

すべては建学の精神に沿って行われましたが、個性を専門の職業として直結しやすい専門学校として、草創期にはビジネスやコンピューター、簿記や製図、外国語などさまざまなタイプの専門学校を東京や名古屋、大阪をはじめ全国に展開したのです。

その際、「経営は生きた総合芸術である」といった経営に関することから、「青春とは心の若さである」という心の持ち方、「和をもって貴しとなす」といった組織のあり方に至るまで、幸之助さんの教えが、学園の業容拡大を支える大きな原動力になりました。幸之助さんから「魁《さきがけ》」「天恩」という直筆の額縁を二ついただきましたが、そこに書かれた言葉を大切にし、学園はどんどん発展していったのです。

学園の草創期には、各校の入学式で、訓辞の中に幸之助さんの言葉がたびたび出てきたので、「ここは松下電器が経営している学校?」とまで思われた方もいらしたようです。校舎の設備はすべてがナショナルのブランドで統一されていたほど、私たちは一〇〇パーセント徹底して幸之助精神を実践していたのです。

「口コミ」マーケティング

その最たるものが、幸之助さんが大正時代から実践されていた「代理店制度」です。

もっとも、学園の場合は家電メーカーとは違い、世間一般的な意味での代理店をつくったわけではありません。ですが、いったい誰が全国展開している都築学園グループの各大学や専門学校を選んでくださるのかと考えた場合、そのキーマンは高校の先生方なのです。

私たちは、大切な生徒さんたちを推薦してくださる高校を、ある意味での仲介の代理店のような存在と考え、新興勢力である学園グループがどんな教育を行っているのかということを、全国各高校の先生方に説明して回りました。これを毎年続けていく中で、生徒が都築学園を知るようになりました。それが、当学園グループが全国に広く展開していくうえでの基盤となったのです。

現代のようにテレビコマーシャルをはじめとする、多様なメディアを駆使して学園のPRを行うという発想はまったくありませんでした。今でも受験生に対して、どうやって学校をPRしていくかは大きな課題だと思いますが、わが学園はひたすら幸之助流を貫いてきました。「代理店を大切にせよ」という幸之助さんの言葉に学び、高校と大学、高校と専門学校の絆を大切にしていくことが、いわば「都築流」だと言えますが、幸之助さんがおられなかったら、とてもそういう発想をすることはできなかったでしょう。

いわば教育は松下村塾流で、経営は松下幸之助流というのが都築学園の信条です。

高校訪問の全国キャラバンを毎年続けていく中で、生徒さんを送り出してくださった高校を再び訪れると、たとえば「去年うちから日本経済大学に入った○○君はどうしていますか？」という質問が、進路指導の先生から必ず寄せられます。ですから、私たちはその高校からお預かりした生徒さんの出席状況から単位の取得状況、所属ゼミやクラブの活動に至るまで、さまざまな情報を事前に頭に入れて、質問にきちんと答えられるようにしておかなければなりませんでした。

高校の先生方は、まさに入り口から出口に至るまで、卒業生の情報を常に気にしています。ですから当学園では、キャラバンで毎年生徒たちの出身高校を回る中で、彼らが大学を卒業するまで、先生たちに報告を続けていました。

日々の教育のかたわらで、こうした活動を続けていたので、私も教壇に立っていた頃は、自分の受け持ち地区から入学してきた生徒が、きちんとやれているかどうか気になって仕方がありませんでした。それこそ、本人が単位を落としたりすると、とても他人事とは思えず、授業の内容も含めて教員自身が責任を持つような雰囲気になっていったものです。

そういう中で、都築学園グループは「面倒見のいい大学」というポリシーを打ち出すようになったのですが、これはおそらく私たちが初めてだと自負しています。

補助金を辞退し「自主独立」を貫く

私たちが幸之助さんの経営哲学を学び、都築学園グループの全国展開を進め始めた頃、幸之助さんは「無税国家論」を盛んに唱えておられました。

無税国家論とは、

「今日の国家財政は単年度主義で運営されており、一年で予算を使い切るために、ときにはムダとも思える使い方も出てきている。これを、仕事の効率を上げることによって少しずつ残し、積み立てていく方式に切り替える。そして、毎年、予算の何パーセントかずつを積み立て、複利で運用していけば、百年後にはその運用益だけで現在の年間税収をはるかに上回る収入が得られて、税金は一切不要になるばかりか、国民になんらかのかたちで還元することも可能になるだろう」

という考え方です。

小中学校は義務教育もありますし、高校についても議論はいろいろあるでしょうけれども、やはり大学は、私立の場合には自立経営でいくべきだと私たちは考えています。

アメリカをはじめ、海外では私立大学は自立経営が普通です。生徒の親御さんたちに納めていただく月謝もありますが、基本的には「ドネーション」と呼ばれる寄付行為で成り立つのが私立学校です。教育の充実や奨学金、建物の新築ならびに増改築、教員の給与など、使途を限定せずに寄付をしていただくのが本来のドネーションです。

東京大学も小宮山宏元総長が尽力し、二〇〇四年に東大基金を設立しました。二〇一五年三月末現在、累計で三三〇億円を超える寄付を集めています。ところがハーバード大学の大学基金は三兆八〇〇〇億円を上回り、オックスフォード大学の大学基金も約八八〇〇億円の規模を持っているのです。

歴史の長さもさることながら、同窓会の力が日本の大学とは比較にならないほど強いのです。実際、欧米の大学では在学生よりも同窓会が力を持っていて、大学運営に関してもイニシアティブを握っています。

大学に高額な寄付をすることができる大富豪のほとんどは、学生たちの親ではなくて、同窓会に入っている卒業生たち。彼らが出世して世界中で活躍し、そこから寄付が集まってくるのです。

社会や税制の仕組みが違うので、何とも言えない部分もありますが、日本は補助金社会である一方、欧米は寄付社会で、とくに私立大学の同窓生が母校に一〇〇億円といった規模で寄付を行うことも珍しくありません。ハーバード大学もオックスフォード大学もケンブリッジ大学も私立大学で、主に同窓生たちの寄付による大学基金は安泰です。さらに、その基金を運用する金融のエキスパートが何人もいて、大学基金の規模はますます膨れ上がっています。大学側も、寄付を募るための営業活動に奔走していて、アメリカのある有名大学では日本でも一年に一回同窓会を開いたり、別の大学では学長自らが日本にいる卒業生を集めて講演し、寄付を募るということも普通に行っています。

一方、東大基金では、安田講堂改修プロジェクトに一〇万円の寄付を行った人に対して、安田講堂の椅子に名前を刻印したプレートを設置するという特典を設けています。こうした、いわゆる一口寄付を通じて、東大の卒業生のあいだにも寄付という意識が広がろうとしていますが、海外有名大学はもう何百年も前から、当たり前のようにそういうことをやってきているので、日本の大学は到底かないません。当学園でも、卒業生から寄付を募る活動を、今後手がけていかなければならないと思っています。

というのも、ハーバード大学などでは大学基金の運用益も相当な額にのぼっていて、その資金を使って世界中から優秀な教授を集め、奨学金を充実させて優秀な学生を世界中から集めています。そういう大学で学んだ学生たちは、母校に対して感謝の気持ちを抱くようになり、卒業後に寄付を依頼しても、喜んでお金を出してくれるようになるのです。

いずれにしても、私たちが、こうした私学経営の本来的な部分に目覚めたのも、幸之助さんの経営哲学に学んだからであり、教育の世界に身を置いているだけでは、こうした発想は生まれなかったことでしょう。

実際、私学経営に対して国による補助が入ったり、政治が介入するようになったら、厳密には私学とは言えなくなりますから、私立大学が助成金をもらうことは、本来筋が通らないことなのです。経営的に自立したうえで自治を行わないと、いわゆる私学としての建学の精神を全うすることは不可能になります。

憲法八十九条に、

「公金その他の公の財産は、宗教上の組織若《も》しくは団体の使用、便益若しくは維持のため、又は公の支配に属しない慈善、教育若しくは博愛の事業に対し、これを支出し、又はその利用に供してはならない」

という条文があり、さまざまな学説はありますが、「公の支配に属しない（中略）教育」には本来、公金から補助を行うことは禁じられているのです。

ところが戦後のベビーブームのときに、国がお金を出すから私立学校をつくってくれという、やむにやまれぬ国の事情から私立学校振興助成法ができ、そこに、私立大学の定員に応じた補助金の算出方法などを定めた施行令が加わりました。

しかし戦前は、早稲田も慶應も日大も助成を受けていなかったはずで、人気教授の講義には立ち見が出ていたほどでした。定員に対していくらというのは経常的経費に対する補助で、人件費の一部を助成してもらっているのが現状です。

健全な経営から健全な私学教育が成り立つ

とはいえ、各私立学校にはそれぞれ私立学校なりの考え方があって助成金を受給されているわけで、当学園がそれについて言う立場にはありません。ただし今後、教育分野において、限られた予算を、誰のためにどう使っていくべきなのかはよく考える余地があると、思います。

たとえば、アメリカ政府が日米両国の人的交流を目的として一九五二年に始めたフルブライト奨学金制度というプログラムがあります。五十年前の私たちの感覚で言うと、フルブライト留学生に選ばれたということは、特待留学生に選ばれたということですから、みんな喜んで留学に行ったものです。

「二〇二〇年をめどに留学生三十万人を受け入れる」という文科省の「留学生三十万人計画」のかけ声はいいと思うのですが、優秀な学生を世界中からそれだけ呼び込めるような魅力的な奨学金制度をつくっていただきたいところです。

また助成金も、私立大学を運営している法人を対象とするのではなく、苦学している学生たちに奨学金として支給してはと思います。法人に支払われた私学助成金は、国庫に返還する必要がありません。そのぶんを、全国の大学生の九五パーセントを占めている私立大学で学ぶ学生に、返済不要の給付型奨学金として与えてほしいのです。

繰り返しになりますが、わが学園の経営は幸之助さん仕込み。私学は経営が成り立たないと、学校を存続していくことはできませんから、「経営イコール教育」という経営の土台をしっかり守っていくことを信条にしています。

「教育と経営は両輪」だという話もよく聞きますが、実際に私学経営に携わっている立場から言うと実感は異なります。

そもそも経営という基盤がしっかりしていないと、教育自体が成り立たないのです。いわば、花車の台車に当たる部分が経営で、教育とは、その台車の上で華やかに咲いている花。台車の部分がしっかりしていないと、花は美しく咲き誇ることはできません。

最近になってやっと、私学の経営者でも経営について語れるようになりましたが、それまでは、私立大学や私学教育の話で経営に触れると、「お金儲けですか?」と言われるような時代でした。そういう雰囲気が大きく変わったのは、平成になり、少子高齢化が進む中、私立学校が乱立して従来の補助金だけでは立ちゆかなくなってからのことだと思います。

健全な経営があって初めて健全な教育が成り立つわけですが、私学の経営陣や理事会に対して、経営面で「しっかりしなさい」というエールが聞こえてくるようになったのは、ここ十年から十五年の話です。

そして、ここが最も大事なことなのですが、その「健全な経営」こそ自立経営であり、その最も有効な手段が寄付行為なのです。その面ではやはり、アメリカやイギリスの私立大学のほうが、日本の私立大学よりも数段上手です。

日本の私立大学は、私立とは言っても、国から補助金が入っている以上、事実上の公立もしくは準公立学校と言うべきかもしれません。教育機関に限らず、あらゆる組織では、資金の出所が、その性格や利害関係を大きく左右するはずなのに、「もらえるものはもらわなければ損」という意識で補助金を受給していたら、本当に自分たちがやりたい教育を実践できるのかどうか、非常に疑問です。

そもそも私たち私学人には、絶対に譲れないものがあります。それが「個性の伸展」という建学の精神で、これはわが学園における教学にも経営にも生きています。本章の冒頭で、「個性の伸展による人生練磨」とは、自分の得手に帆を掲げ、悪戦苦闘していくことを意味すると書きました。要は、それは自立であり、自分が好きな分野や得意な分野で苦労しながら生きていくことが、人や社会に対する貢献にもつながっていくのです。

都築学園が目指す教育は、こうした「個性の伸展による人生練磨」を、一人ひとりが一生をかけて行っていくことであり、申請すれば高額になる助成金もあえて辞退し、この建学精神を貫いて来たことを誇りと思っています。

第三章

「個性の伸展」をはかる教育

国文学をふたたび志す

「国文学を研究してほしい。家族に文学者がいないから、後継者になってくれ」というのが、頼助先生が私に託してくださった希望です。

結婚後に頼助先生から「大学院に行きなさい」と勧められていたこともあり、私は三人目の子ども明寿香さんを妊娠していた頃、平安文学の大家で、自分が最も慕っていた関根慶子先生がいらっしゃる、お茶の水女子大学の大学院を受験しました。

ところが試験には受かったものの、切迫流産の危険が生じて四カ月入院しなければならなくなり、入学式はおろか東京に通うことさえ困難になったため、進学を諦めたのです。

ですが、運命はどう転ぶかわからないもので、その翌年、定年退職となられた関根先生が、山口県下関市にある梅光女学院大学（現・梅光学院大学）に新設される大学院の教員に就任されることになったのです。

集中講義を年に一回程度担当されるご予定でしたが、関根先生は「都築さんが来るのなら、私は東京から出向いて集中指導をします」と言ってくださったのです。思いもよらなかった幸運への感謝をかみしめながら、私は昭和五十二年から梅光学院大学院で関根先生の指導を受けました。

私がマスター（修士号）を取ったのは昭和五十五年ですが、修士論文の執筆にはとても苦労しました。私の選んだ論文のテーマが、東大を主席で卒業された『平安朝歌合大成』の萩谷朴《はぎたにぼく》先生の研究と重なってしまったのです。萩谷先生は当時、国文学界の天皇とまで呼ばれていた方でした。

研究のために、関根先生のご紹介で、東大史料編纂所の地下書庫や宮内庁書陵部に特別に入れていただき、まだ一般には公開されていない古文献を調査しました。貴重書は、コピーのない時代でしたので、手書きで必要な箇所を書写し、福岡から何度も通いながら、それまで日本の和歌史における空白と言われていた平安後期歌壇の部分を論究していきました。

その論文が「中古文学会」で大きな反響を呼び、「どうやって調べたのか」とか「なぜわかったのか」という質問が集中しました。そうした中で、萩谷先生からは「あなたの論文は、この時代の和歌史の空白を埋めました。素晴らしい研究だから、この点をもっと論究しなさい」と、励ましのお言葉をいただいたのです。

「校長は仁子さんに譲る」

私が学んだ福岡女子大は、当時中学や高校の先生になる人がとても多かったのですが、学生時代の私は、教師になることにほとんど興味を持っていませんでした。

したがって、一年生のときに私だけが教職課程の申請をしていなかったらしく、ある日事務長に呼び出されたのです。「学校の先生になりたいとも思わないので、教員免許は要りません」と話したところ、「まあ、そうお金がかかるわけでもないから、そう言わないで申請しておきなさい」と説得されました。

いま振り返ってみますと、大学時代にこの教員免許を取っていたことが、のちの私の人生に大きな影響を与えたような気がします。当時、大学で取得した高校の二級免許状（現・第二種免許状）を持っている人は、大学院の修士課程を修了すると同時に一級免許状（現・専修免許状）を付与されました。

のちに、貞枝先生が昭和六十二年十月に八十九歳でお亡くなりになるのですが、私が貞枝先生の跡を継ぎ、福岡第一高校の校長に指名されることになったのも、当時医師や薬剤師ばかりの家族の中で、教員免許を持っていたのは私一人だったということが大きいのです。

その年の七月、「理事会を開いてください」と貞枝先生から申し出があり、自宅の病床で最後の都築学園理事会が開かれました。当時私は理事ではありませんでしたが、理事会に出席することを求められました。

貞枝先生は、その頃心臓病で十年も闘病生活をされていて、ほとんどの役職を主人に譲られていましたが、福岡第一高校の校長職は最後までお辞めになりませんでした。ご自身が、県立高校で全国唯一の女性校長として抜擢された誇りから、高校の校長職は最後まで大事にしたいと思われていたのでしょう。

ご自身が出席された最後の理事会で、貞枝先生は、

「福岡第一高校の校長は仁子さんに譲る。若いあなたに替わったら、今の時代に合うように全部変えなさい」

と、理事たちの前でおっしゃったのです。

こうして私は、貞枝先生がお亡くなりになる三カ月前に、突然福岡第一高校の校長を譲り受けました。

高校の国際化に取り組む

かつて福岡第一高校は男子校で、生徒たちの制服も学生服に角帽と、バンカラな校風の学校でした。貞枝先生が最後の理事会で遺された「今の時代に合うように全部変えなさい」という言葉にしたがい、私はその翌年から学校改革に取り組むことになります。

私のやりたいこと、そして私にできることは建学の精神を守ることと高校の国際化。死の間際に「学校を頼む」と手を握って言われた頼助先生と貞枝先生が打ち立てた建学の精神を、なんとしても守り抜かなければならないという使命が、私に託されたのです。

私が最初に手がけたのが福岡第一高校の国際化です。国際英語科を新設し、欧米から招待留学生を二十人受け入れました。この結果、教室や寮内では普段から生きた英語が飛び交い、外国人講師による実践的な指導も合わせて、三年間にわたるランゲージ・シャワーの中で英語力と国際感覚を学ぶことが可能になりました。

また、世界を舞台に活躍する国際人を育成するために設けられたＴＩＳ（都築国際奨学金制度）を利用し、アメリカ、カナダ、オーストラリア、ニュージーランドの姉妹校に留学できる制度も設けました。この制度を利用すると、一年間の留学期間も休学扱いになららず、三年間で卒業できます。

もう一つ力を入れて取り組んだのが、新デザインの制服の採用です。生徒たちに若いうちからきちんとした装いを身につけてもらうことを目的に、男子生徒にはシックな紺色のブレザースーツ、女子生徒には紺のダブルスーツを森英恵先生に依頼しました。新しい制服は福岡第一高校に加え、福岡第一商業高校（現・第一薬科大学付属高校）、鹿児島第一高校などのグループ五校で採用されています。

さわやかな紺色の制服をイメージしたとき、真っ先に思い浮かんだのが、森英恵先生がデザインした日航スチュワーデスの制服でした。森先生のオフィスを直接訪れ、「学校の制服をつくってほしい」とお願いしたら、学校制服は初めてで非常に驚かれていました。「試作品ができましたから見に来てください」と言われたので、先生のオフィスを再び訪れると、冬の制服の試作品が仕上がっていました。最高級のウールを使ったシックでとても上品な制服でしたが、試作品の値段がなんと一着一五〇万円もしたのです。

ところが制服は一点もののオートクチュールではなく、一学年で五百人から千人と、それなりに数が必要で、コストも下げなければならないので量産化が必要です。森先生のオフィスで制服の製造メーカーを探したところ、岡山県倉敷市に本社があり「富士ヨット学生服」を手がけている明石被服興業（現・明石スクールユニフォームカンパニー）さんに白羽の矢が立ちました。

「立体裁断でお願いします。S、M、Lではだめです」というようなオートクチュール並みの注文に、老舗の制服屋さんが一所懸命に応えていたのですから、量産化では苦労が絶えません。コンピュータを使った立体裁断で二十パターンに対応しなければならないので、注文を受けたほうとしては、普通では採算が合わず、「やれるかどうか非常に悩んだ」と当時の社長さんが話していらっしゃいました。

ただ、その社長さんは非常に才覚がおありで、当時はブランド制服が全くない時代でしたから、森英恵さんが手がけるブランド制服だったら業界初となることを見込まれて、この仕事に取り組んでくださったそうです。

「パラマ塾」が目指すもの

また平成五年には、建学の精神である「個性の伸展」をより充実させるため、文科省が推進していた週休五日制を率先して導入し、毎週土曜日を「パラマの日」と定め、学習や趣味、特技、資格などの広い範囲で指導を行う、「パラマ塾」を開講しました。

「パラマ」とは、校名の由来となった仏教用語の「第一義諦」を意味するサンスクリット語で、仏典には「ｐａｒａｍａ《パラマ》＝ａｒｔａ《アルタ》」と記されているそうで、「個性」にほかなりません。

パラマ塾は、自由登校のもとで行われ、生徒が自主的に選択・参加することを原則にしており、現在は以下の講座が開講されています（二〇一六年度）。

【自然系】どうぶつフレンド塾、ガーデニングＤＩＹ塾
【知識・教養ＵＰ系】こども塾、声優塾、コミックアニメ塾、カードゲーム塾、創詩塾、ロックバンド塾、作詞・作曲塾、ピアノ塾、芸能塾、ジャズダンス塾、ストリートダンス塾、演劇塾、映像制作塾、お料理塾、お菓子作り塾、日本建築大工塾、自動車メカニック塾、マシン塾、韓流塾、ネイティブ英会話塾
【日本文化系】和太鼓塾、書道塾、俳句甲子園、百人一首塾、囲碁・将棋塾、ボランティア塾、歴史塾、茶道
【スポーツ系】ヨガ塾、バスケットボール塾、ボウリング塾、バドミントン塾、卓球塾、ゴルフ塾、馬術塾、ヨット塾、フットサル塾、テニス塾、バレーボール塾、フィッシング

塾

【ベンチャービジネス系】やってMINNE《みんね》、起業・後継者養成塾、観光塾

講座の内容や数は毎年変わりますが、だいたい五十講座前後になります。在校生はもちろん入学試験の合格者にもどのような塾に入りたいかを聞き、希望の多いものから開講しています。生徒の人気が高く、百人集まるような講座もあり、入塾テストを行って選抜しているところもあるほどです。

博多というところは、土地柄、芸能人の産地と呼ばれる場所です。芸能界への登竜門にできればと開講した芸能人発掘のための芸能塾から、演歌歌手の氷川きよし君、シンガーソングライターの絢香さんが出て、セーリングや馬術ではオリンピック出場選手が育っています。また多くのプロ野球選手など、次々と素晴らしい人材が活躍しています。

パラマ塾は全国的にもまったく新しいユニークな取り組みとして注目され、全国の各種学校や教育委員会から見学が相次ぎましたが、パラマ塾が成功した理由はひとえに、塾の先生たちに外部講師のプロの素晴らしい人たちが集まったことだと思います。

パラマ塾の塾長は、校長である私が務めさせていただいていますが、各塾の先生方がそ

の道のプロ揃い。たとえば芸能塾で氷川きよし君に三年間レッスンをしてくださった故本間繁義先生は西日本における演歌指導の大御所です。

学校で正規の授業を行う先生には教員免許状が必要ですが、パラマ塾で生徒を指導する先生に教員免許は要りません。全員がその道のプロ。プロの目で生徒たちの才能や資質を見抜く、まさに名伯楽なのです。

毎年十月には、高校の文化祭である「パラマ祭」が開催されます。毎年、その特設ステージで行われる「ＰＡＲＡＭＡ　ＳＨＯＷ」で、パラマ塾の塾生たちが日頃の練習の成果を披露していますが、誰もがプロと見まがうばかりの素晴らしいパフォーマンスを見せてくれています。

氷川きよしの才能を発掘した名伯楽

氷川君はパラマ塾の二回生で、平成六年に福岡第一商業高校（現・第一薬科大学付属高校）のインテリアデザイン科に入学しました。インテリアデザイナーになりたいというのが、彼が志望した動機です。

四月の二週目から一カ月間、新入生はどの塾を見学してもいいことになっていますが、氷川君は最初、ロック塾に入りたいと思っていました。ロックのドラムをやりたくて、教室の入り口に並んでいたのですが、人気塾で、百人ぐらいの行列ができていました。氷川君は、塾生を選考するオーディションを受けるために、行列の後ろのほうに並んでいたようです。

たまたま、その隣の教室が本間先生の芸能塾・演歌部門だったのですが、希望者が誰もいませんでした。そこで本間先生は、ロック塾の行列の後ろに並んでいた氷川君たちに「おい、ちょっと。後ろのほうに並んでいる君たち、ここに来て歌いなさい」と声をかけたのです。

そこで氷川君が歌ったのが、美川憲一さんの『さそり座の女』という曲でした。氷川くんの抜群の歌のうまさに、本間先生は「この生徒はただ者ではない」と思ったそうです。

氷川君の歌の才能には、じつは理由があります。

氷川君のご両親は大のカラオケファンで、特にお母さんは演歌の女王。コンクールの優勝常連者。氷川君の家にある家電製品は、そのほとんどがカラオケコンクールでの賞品なのだそうです。

じつは氷川君がお腹にいるときから、ご両親は毎晩のようにカラオケに通っていました。氷川君が生まれてからは、三人でカラオケに行くようになったそうです。

つまり、氷川君はモーツァルト並みに、演歌を胎教にして成長してきたと言っていいでしょう。ゼロ歳児の頃からお母さんのお腹の中で、お母さんの歌声を聴き、物心つく前から福岡第一商業高校に入学するまでの十五年間、氷川君はカラオケ一筋で過ごしてきたのです。

氷川君自身は演歌よりもロック系が好きで、プレスリーの曲をよく歌っていたそうですが、本間先生にいきなり歌えと言われた『さそり座の女』も、お母さんがいつも歌っていた曲なので、完全に歌いこなせるようになっていたのです。

そこで本間先生は、演歌から民謡に至るまで、毎週カセットテープを一本渡し、「これを来週までに覚えてきなさい」という宿題を出したのです。一本のカセットテープには、歌が十数曲も入っていますから、一週間で全曲歌詞を覚えて、完璧に歌いこなせるまでに仕上げるのは、並大抵のことではありません。

ところが、氷川君は歌を覚えるのは朝飯前。氷川君は以前、私に冗談で「僕は、勉強を一晩で覚えるのは苦手ですが、歌の歌詞は、一晩で何十曲も覚えられるんです」と話してくれたことがありました。一度曲を聞いただけでメロディーと歌詞を覚え、完璧に歌うことができるのは美空ひばりと同じく、天才です。

そんな氷川君の才能に惚れ込んだ本間先生は、レッスンで氷川君を鍛えに鍛えました。氷川君は、高校を卒業してから上京し、作曲家の水森英夫先生に師事します。三年間の努力が報われ、長良プロダクションからデビューすることになり、タレントの北野武さんにも認められて芸名をいただいた話は有名です。

氷川君は二〇〇〇年二月にデビューを果たしましたが、デビュー曲の『箱根八里の半次郎』が百万枚を突破する大ヒットを記録し、その年のＮＨＫ紅白歌合戦にも初登場するという快挙を成し遂げました。氷川君が「日本レコード大賞」などを受賞し、紅白の出場回数を重ねるにつれて、中高年女性のいわゆる「追っかけ」が、卒業した本校にも数多く訪れるようになりました。

氷川君は卒業時、「校長先生がパラマ塾をつくってくれていなかったら、僕はインテリア会社の宴会で歌うぐらいが関の山で、歌手にはなっていなかったでしょうし、歌手になれるとも思っていませんでした」と話していましたが、人の才能、個性というものはそういうものかもしれません。本人の努力はもちろん重要ですが、自分の個性を認めてくれる先生、伯楽と出逢えるかどうかによるところが非常に大きいのです。

学校は人生を変える出逢いの場

人の運命は不思議なもので、自分の資質や才能、つまり個性を見出してくれる人に出逢うと、想像がつかないほど大きく変わるものなのです。

最近、他の学校でも、パラマ塾のような取り組みをさかんに行っていますが、なかなか結果が出ていません。やはり同好会の域を出ておらず、教えているのが学校の先生ばかりだからでしょう。生徒たちが自分の持てる才能を発揮し、「個性の伸展」をはかれるようになるかどうかは、指導者によるのです。

もっと言えば、幼稚園から小学校、中学校、高校に至るまで、子どもたちはどんな先生に出逢うかで、人生は大きく変わるのです。だから学校を経営している立場から言うと、どんな先生を現場に登用するかということが、非常に大きなポイントになってくるのです。

個性派の先生が、個性派の生徒たちを育てます。逆に平均的な優等生の先生だと、平均的な優等生しか育たないのです。

これは大学も同様で、講義を聴いている側が「大しておもしろくもないのに、なぜこんなことばかりやっているのだろう」と勉学意欲をそぐような先生もいれば、内容はよくわからなくても、迫力で生徒たちに興味を持たせる先生もいます。つまり情熱が伝わるのです。

そういう出逢いの場が学校であり、子どもたちにとってはまさに学校が人生で最初の出逢いの場。小学校から大学まで数えて、十六年間を学校で過ごすわけですから、子どもたちの人生に大きな影響を与える出逢いの場を、偏差値だけで選んでしまっていいとは思えません。

学園の教員採用では、私が必ず全員の面接をするのも、それが経営者として大事なことだと思っているからです。常勤の教員から非常勤の教員、事務員まで、私自らが全員を面接しています。私の採用の基準は後述する「大和心」や国を思う気持ちがあるかどうか。加えて誠心、誠意という誠実であるかどうかです。

もちろん、本学園に応募してくださる先生方は真面目な方ばかりですが、学生たちにではなく黒板に向かい、相手が理解していようが眠っていようがお構いなしで五十分や一時間半の講義をこなすような人では困ります。やはり教員は、学生に慕われる人でなければいけないのです。

ノーベル物理学賞を受賞された江崎玲於奈《れおな》先生に、横浜薬科大学の学長をお願いしておりますが、江崎先生は難解な半導体の話を、初心者にもよくわかるように説明してくださる方で、超一流の研究者はやはり情熱が違います。

その反面、自分の研究の世界に閉じこもっている先生は、講義はあまり得意ではありません。研究がうまくいっていることと、コミュニケーション力を必要とする教育とは別の能力であり、そこを見極めることが非常に難しいのです。

高校の先生方については、野球でもバスケットでもいいのですが、教科以外に何か特技を持っている人、というのが採用基準の一つです。

これは、先生方には授業やクラス担任などの業務に限らず、生徒たちに関わるチャンネルを複数持っていただきたいと思っているからなのです。

各クラブには実践的な指導ができるプロフェッショナルの監督もいるので、むしろコーチや部長などの立場で、クラブ活動に興味を持って関与していただきながら、人間的な部分で生徒たちを指導していただきたいのです。

今は、通信制の学校で高校の単位も取れる時代です。教科書しか教えることのできない先生は、生徒の個性に気づきにくいのです。

「ゆとり教育」で才能を開花させた若者たちもいる

一九九〇年代後半に中教審（中央教育審議会）の会長を務め、「ゆとり教育」を推進した元文部大臣の有馬朗人《あきと》さんは最近、「ゆとり教育は間違っていなかった」と強調されているようです。

その話を聞いたとき、私は有馬さんにお会いして「ゆとり教育はやって良かったのですよ」と言いたいと、強く思いました。

たしかに、ゆとり教育には批判も数多くありましたが、ゆとり教育にともない週休二日制が実施されたことで、福岡第一高校ではゆとりになった土曜日に、さまざまなジャンルのプロの先生方を招き、パラマ塾を開講することができるようになったのです。

さらに言えば、二〇一二年のロンドンオリンピックで、日本選手がメダルを獲得するようになった競技のジャンルは大きく広がりました。本校卒業生も、ヨット塾や馬術塾出身者が出場しました。活躍した若い選手たちが、まさに「ゆとり教育」の世代の子どもたちです。

ゆとり教育で子どもたちは、放課後と土曜日の自由時間を獲得しました。その時間を、自分の好きなことや得意特技にあてた人も多くいたのです。平日の放課後や土曜日、日曜日にスポーツクラブなどに通い、体操や水泳を始め、乗馬、ヨット、フィギュアスケートやアーチェリーなど、さまざまな種目の個人指導を受けることもできるようになりました。ピアノやバイオリンの音楽のレッスンを受けて、世界的コンクールでトップを受賞し将来音楽家になることを目指している子どもたちもいます。

スポーツにしても芸術にしても、子どもの頃からなるべく早く始めなければ、世界的に通用するレベルの技能を身につけることはできません。学校教育ではオリンピックの種目を全部教えることは到底不可能です。また、こうした人材を育てることは、その道のプロの指導者や元選手などが教える私塾でなければ、とても無理であり、従来では難しかったこういうことを、子どもの頃からやれる環境をつくったのが、まさにゆとり教育でした。

ちなみに、ゆとり教育の結果、ＯＥＣＤの学習到達度調査などで日本の子どもたちの学力が落ちたという批判がありますが、こうした国際的な学力コンテストがどういうものかを知れば、ゆとり教育への批判は間違っているということがわかっていただけるはずです。

たとえば一時期、北欧のフィンランドがこうした学力コンテストで高いランキングを獲得し、フィンランド式の教育がもてはやされたことがありました。ところがフィンランドの子どもたちは、小学校では三教科しか勉強する必要がなく、自分の考え方やクリエイティブな意見を発表させる訓練ばかりをしているのです。

記憶力の強い日本の教育は、暗算や暗誦が得意で記憶中心の問題に正解することが良いとされた教育を行ってきました。まさに「グローバルスタンダード」という価値観が要注意であり、教育に対する歴史や考え方がまったく異なる日本国がこうした国際的な学力コンテストに参加し、子どもたちに同じ試験を受けさせ、「日本の子どもたちの成績が悪かった」と批判しているにすぎません。

算数の問題を見てもわかることですが、たとえば「ここから、どの道を通ったら目的地まで一番早く着くでしょう」という、日本人なら暗算でできる問題を、暗算ができない他国の子どもたちは、電卓を使って計算するように出題されています。それをもって、日本の子どもたちの学力の国際ランキングが落ちたと一喜一憂すること自体がナンセンスではないでしょうか。

英語に特化した一条校をつくる

もう一つ、私が力を入れて取り組んだのが、英語イマージョンスクール「リンデンホールスクール」の設立です。

同校は英語をツールとした個性教育を通じて、世界に通用する真のグローバル教育を目指しており、国語以外のほとんどの授業を英語で行う「英語イマージョンプログラム」を採用し、日本人教師とネイティブスピーカーによるチームティーチング制による英語教育を行っています。平成十六年四月に小学部（福岡県太宰府市）を開校したあと、平成二十二年には国際バカロレア・ディプロマプログラムを持つ中高学部（福岡県筑紫野市）も開校し、十二年間一貫教育を目指しています。

最初に小学部を設立した背景には、「小学校をつくりたい」という頼助先生の思いがありました。頼助先生は、福岡教育大学で長く教鞭を執られ、小学校の先生も数多く育てておられましたが、都築学園が全国展開を進める中で、地元に中学校と高校は設立したものの、小学校だけがありませんでした。

その頼助先生の夢を叶え、どこかのタイミングで小学校をつくりたいという思いが、私にはありました。そのため私自身、都築学園の副総長という立場で、これからの日本にとってどんな小学校が必要かということを、永年にわたり構想を温めていたのです。

これは今でもそうですが、私が当時問題意識を抱いていたのが、グローバル化が謳われているものの、実用性がある英語教育が行われていない日本の英語教育の現状です。反面、たとえばアメリカに留学する人は、〝日本〟を何も学ばないまま渡米するものですから、いわゆる「アメリカかぶれ」になって帰国し、英語を話せることだけを得意げにするなどの問題もありました。

過去のそういう留学パターンを目にする中で、私は早期から正しい英語教育を行うべきだと思っていました。そこで小学校を新たに設立するなら、インターナショナルスクールではなく、英語に特化した一条校（学校教育法の第一条に規定される学校）、英語をツールとして英語で学ぶ学校をつくりたいと考えたのです。

全国キャラバンで訪れた先などで、「こういう小学校をつくろうと思うのですが」という構想を話し、有識者の意見も聞きました。東京都からも熱心な誘致があったのですが、平安時代に「和魂漢才」を唱えられた菅原道真公が祀《まつ》られている太宰府天満宮のお膝元の太宰府市内に、リンデンホールスクール小学部を開校したのです。

日本のアイデンティティを英語で発信する

リンデンホールスクールでは、英語をマスターするだけでなく、日本の伝統文化や芸術を体験し、従来の教育では実現できなかった自己の確立を生涯にわたって行うという長期的な目標を持って、世界に通じる個性教育を実践することをモットーにしています。

そこで同校の開校にあたり、私たちが重視したのが道徳教育です。日本古来の文武両道を取り入れながら、心の教育を行っています。

たとえば武士道や武道には「道」という文字がついているように、日本には「道」すなわち「倫理」の思想があります。

武道八道や華道、茶道、書道など日本の「道」を道徳として考えました。そのことを、当時学園が全面的に支援させていただいていた「全国高等学校将棋竜王戦」の名誉会長を務めていらした三笠宮寛仁《ともひと》殿下に申し上げたところ、殿下は「将棋道もぜひ入れてほしい」とおっしゃいました。殿下によれば、日本の将棋は「将棋道」として発展してきたのだそうです。

こうした日本の伝統文化や芸術を、道徳として生徒たちに体験してもらうために、リンデンホールのキャンパスに田を開き、田植祭に始まり稲刈りまでを通して瑞穂《みずほ》の意味を知り、刈り取った穂は焼いて釉薬《ゆうやく》として陶芸のうわぐすりにします。アメリカを中心に活躍していらっしゃる上野焼《あがのやき》の家元、高鶴大《こうづるだい》先生を特別講師にお招きし、生徒たちに本格的な陶芸を学んでもらっています。自作の茶碗を茶道に用い、禅の心を学ぶようにしています。

そのうえで、中学部の道徳の時間には、日本語と英語で「剣道とは何か」とか「剣道とフェンシングとの違い」といった日英比較のエッセイを書き、和の心や魂のあり方の特徴にも学習を進めていくのです。

私たちがこうした取り組みを進めているのは、グローバル化が進めば進むほど、日本としてのアイデンティティが問われてくるからです。

詳しくは後述しますが、当学園ではオックスフォード大学やケンブリッジ大学と提携し、学生交流や教員交流、学術文化交流を進めています。両カレッジから学長たちをお迎えする際、私は英国や日本の文化や歴史のさまざまな話題について、ジョークを交えながら、ざっくばらんに意見を交わしています。

たとえば「日本が戦争に負けていなかったら、日本語が世界共通語になっていたでしょう」と私が切り出すと、英国側は「申し訳ないですね、日本が鎖国をしていた時代に、イギリスは七つの海を制覇しましたから」と、独特の皮肉を交えて切り返してきます。そこで私が「ご先祖様方が偉かったのですね」と話すと、「その通りだ」と笑うのです。

余談になりますが、その英国が恐れたのが日本史上では織田信長だそうです。信長は国際感覚にも優れて、政治家で世界制覇を考えていたのは彼だけでした。日本人には意外な話に映りますが、ノーベル賞受賞者を数多く輩出しているオックスフォード大学やケンブリッジ大学の教養あるジェントルマンたちが、

「明智光秀さん、サンキュー。もし織田信長が生きていたら、英国はインドかどこかで日本水軍とぶつかって負けていたでしょう。日本語が世界語になれるチャンスが、唯一、信長の時代にあったのです」

と、ジョークで言うのです。

大切なのは和魂

そのジョークにしたがうと、日本語はかつて世界共通語になるチャンスを逸したために、いま私たちは国際社会で英語を世界共通語として学んでいることになりますが、英語はあくまでコミュニケーションのツール、手段であって、魂まで失ってはならないというのが私の考えです。

とくに国語国文学の世界から言うと、日本は言霊《ことだま》の国であり、かつて日本の国漢部会がGHQ（連合国軍最高司令官総司令部）に絶対譲らなかったのは、国体の護持であり国語の存続です。終戦後、戦勝国が天皇陛下のご退位を求めたり、東京裁判（極東国際軍事裁判）で天皇陛下を起訴しようという動きもあったほか、GHQは漢字を廃止して日本語をローマ字化することも計画していました。こうした国の歴史を左右する窮地で、強い圧力に屈しない日本精神とはどこにあるのか。和魂洋才そして和魂英才としてリンデンホールスクールでは、英語はあくまでツールという位置づけです。小学校から学んでも、魂の部分は和魂で行くという、日本人としてのアイデンティティの部分は譲れないのです。

そのためにも、先述したようにリンデンホールスクールの小学部では、広大なキャンパスの中に田を開き、生徒たちが毎年春に田植えを行っています。収穫した稲穂は焼いて陶芸の釉薬として使います。稲作は、のちに日本の法律や日本精神が築き上げられていくうえで、日本文化の源流だからです。

聖徳太子の時代には、すでに田があり、人々は共同体社会の中で暮らしていました。こうした日本の稲作文化は、ヨーロッパの遊牧民文化とは、発祥の頃から大きく異なっています。

日本の稲作文化のなかで、川などの水源から水を引ける範囲の中でしか、人々は定住することができませんでした。しかも田植えは、梅雨時の限られた期間のうちに、一気に終わらせなければいけません。ですから昔の日本では、その短い期間に、村をあげて共同体社会で田植えに取り組んでいます。協調や助け合いの精神、和をもって行う稲作です。村社会に従わない家は、田に水を引く権利を与えられない村八分にあい、一家の生存に関わってくるのです。

聖徳太子が「十七条憲法」に定めたように、「和をもって貴しとなす」という精神がなければ、私たちの先祖は生きてはいけなかったのでした。これがのちのち、和の精神につながっていったり、租税のあり方にも関係してくるのですが、これは遊牧民の社会とは異なり、農民は一生そして代々その場から動けない定住社会だったからです。徳川時代には農民の移住が禁止されていて、武士たちも脱藩（主君の許可なく藩籍から離れて浪人になること）をした場合、家禄没収のほか、お家断絶などの厳しい処罰がありました。

こうした中で生まれたのが日本独特の共同体思想で、それが時を超えて祖先の血の中に脈々と伝えられ、私たちは「譲り合い」や「お互い様」といった道徳心や日本独特の精神を、大和の思想として受け継いでいるのです。

こうした共同体思想は、国文学の中にも現れていて、『源氏物語』をはじめとする日本の古典文学では、主語が記されていなくても、尊敬語や謙譲語、丁寧語の使い分けで、天皇を頂点とする主従関係の中で主語を読み取ることができます。その意味で日本語は固有な言語であり、その日本語によって築かれてきた日本の伝統社会は、世界の中でかなり独特なもの、個性の強いものだと私は思います。

かつて頼助先生と、そういう話をしながら、お互いに古典文学を愛してきた者として意気投合したのも、今となっては懐かしい思い出です。

私たちは、いまリンデンホールスクールで行っている教育を「英語イマージョン教育」と呼んでいますが、これはまさに、義務教育で和魂を子どもたちに教え、それを英語で表現する「和魂英才」という試みです。

国がやらなければ都築学園がやる

いずれにしても、国際的なコミュニケーションもしくは自国の文化を海外に伝えるためのツールが英語であるということは、世界共通であり、それは仕方のないことです。かつてあれだけフランス語にこだわっていたフランスでさえ、ＥＵ統合後は大学の講義も含めて公共の場ではすべて英語。日本でも、今後グローバル化がさらに進むにつれ、日常生活では日本語でも、公共の場では英語でなければならなくなるのではないでしょうか。

二〇二〇（平成三十二）年に開催が決まった東京オリンピック誘致合戦の際、日本の首相としては初めて、安倍総理は英語でプレゼンテーションを行いました。じつは漁業交渉も環境問題も、国際交渉はすべて英語で行われていて、国のトップや担当者レベルでもアンダーテーブルでいわゆる根回しがなされないと、物事は日本にとって不利に終わるのです。

その根回しは、たとえばアメリカの大統領と日本の総理がファーストネームで呼び合い、二人でゴルフをしたりボートに乗ったりして、コミュニケーションをとるのです。もちろん二人きりですから、通訳という第三者を入れることはありません。日本国の閣僚はこれまでほとんど、こうしたネゴシエーションが苦手だったと思います。

逆に、中国はじめアジア諸国の政治家・高官はハーバード、オックスフォードなどに留学経験を持つ方が多く、英語は流暢《りゅうちょう》です。国際交渉の舞台に立つ人は、一国の国益を担っているわけですから、英語で意思疎通をはかれることが必須です。国際交渉は会議のテーブルで決まるのではなく、それ以前の根回しコミュニケーションが絶対に必要です。

日本の英語教育はじつに五十年以上も遅れてきました。少子高齢化、グローバル化と、世の中はどんどん変化していくのです。将来を見据えて新しい時代に対応する人材の育成をしなければならなかったはずなのですが、それが先送りにされてきました。

名目GDP（国内総生産）こそ中国にキャッチアップされてしまいましたが、日本は長く世界第二位の経済大国としての地位を守っていました。本来であれば、オリンピックはもちろんのこと、世界の変化の中で日本はもっと重要な役割を担っているはずです。世界有数の経済大国であるにふさわしい発言力を持てないのは、英語教育の遅れが日本の国力に大きなマイナス要因となっていたからではないかと思います。

グローバルで活躍できる、日本の次世代の若者たちを育てるためにも、英語能力の向上は避けては通れません。リンデンホールスクールを設立したのは、「国がやらないのなら都築がやります」という危機感からであり、「必要なものは自分の手で創る。人には依存しない」という自主独立の精神こそ、都築学園が創立以来脈々と受け継いできた個性の伸展の精神だと考えています。

今年（平成二十八年）の春、平成十六年にリンデンホールスクール小学部に入学の第一期生たちは中高学部を卒業しました。ＩＢスコアを活かして国内外の名門大学へと羽ばたきました。

もう一つ、リンデンホールスクールの特徴についてお話しすると、元ハーバード大学教授で、数学のノーベル賞と言われる「フィールズ賞」の受賞者である広中平祐先生を、開校時小学部の算数の特別講師として招いていたことが挙げられます。

広中先生は、「小学校一年生のときに、入り方さえ間違えなければ、算数嫌いは起こらない」が持論の方です。決まっている答えを求めて解答するだけの、日本の算数からは創造力が生まれない、「自然の法則の中に算数が眠っていることに、子どもたちを目覚めさせたい」という理想をお持ちです。「たとえば植物の葉脈のでき方や、大根やにんじんのヒゲのでき方は、すべて数学の法則で説明できるということを、小学校の入り口で教えてあげれば、子どもたちの算数に対する見方は変わってくる」

なお、リンデンホールスクールの中高学部は平成二十五年四月に校長にＩＢ教育の第一人者である大迫弘和先生を招聘《しょうへい》し、同年十月に、スイスのジュネーブに本部を置く国際バカロレア機構が運営している国際バカロレア・ディプロマプログラム（ＤＰ）校に認定されました。同プログラムを修了し、統一試験に合格すれば、国際的に認められている大学入学資格である国際バカロレア資格（ＩＢスコア）を取得できます。

同プログラムは世界の一流大学に進学するうえで大きな武器になるのはもちろんですが、国内でも東京大学、筑波大学、早稲田、慶応をはじめIB推薦入試の導入、IBスコアで入学できるIB校出身者の受け入れ大学が急増してきました。

オックスフォード大学、ケンブリッジ大学との提携

都築学園は、オックスフォード大学のセント・アンズ・カレッジおよびケンブリッジ大学のフィッツウィリアム・カレッジと提携を結び、留学生の交換や教員の派遣などを通じて国際交流をはかっています。

最初に交流を求めて声をかけてきたのがオックスフォード大学で、それが今から二十五年ほど前のことでした。

「都築学園と交流したい」という先方の申し出に対し、「世界に冠たるオックスフォード大学が、なぜ都築学園を求めて来られるのだろう?」と、非常に失礼な話ですが、私は初めて受け取ったバーサー(法人局長)の名刺は本物かどうかと思ったほどです。

ところがその一カ月後に、今度はケンブリッジ大学のバーサーが当学園を訪れ、交流したいと申し出てくださったことから、両大学ともに本気で当学園とパートナーシップを結

びたいと思っていることが理解できました。

オックスフォード大学の方によれば、「都築学園は助成金に頼らず、本当の私学経営を実践している学園であることを文部省で調べて知りました。カレッジの形で大学をたくさん経営しているのも、オックスフォードと同じです。ぜひ交流しましょう。私たちには長い伝統と歴史があるので、いろいろアドバイスもできます」と言ってもらったのですが、私たちにしてみれば、寝耳に水の申し出でした。

さらに、オックスフォード大学もケンブリッジ大学も、「個性の伸展」という都築学園の建学の精神に共感してのことでした。

日本では個性的な人は、「わがまま」や「変わり者」を表わすような誤解がありますが、欧米では個性すなわちアイデンティティが最も大切です。小学校から中学、高校、大学までにわたり、子どもたちの個性や自主性、創造性を育てていくことが教育です。「そういう教育と経営を行っている学校は、日本にはほかにありません。本当の私学経営を実践しているのは都築学園だけです」と、私たちが長年実践してきたことが正しいと認めてくれたのが、ほかならぬオックスフォード大学やケンブリッジ大学の学長をはじめとするトップの方々。ですから、「お互いに教育の理念も経営のあり方も近い同志」という感覚で、私たちは握手できたのです。

両校との交流は、最初はイングリッシュガーデンの開設から始まりました。平成十年に当学園の太宰府キャンパスに、オックスフォード大学のセント・アンズ・カレッジとケンブリッジ大学のフィッツウィリアム・カレッジとの提携を記念し、日本では最大規模の約六ヘクタールの敷地面積を持つ本格的英国式庭園をオープンしたのです。原種のバラ十万本をはじめ庭園のオーナメント等をすべてイギリスから取り寄せ、英国王立ガーデンからガーデナー三人を招聘し、一年半かけて建設を行いました。平成十一年には、学生寮「オックスフォードハウス」「ケンブリッジハウス」も新設しました。

それを受けて、平成十六年にはイギリスに日本庭園を開くなどの文化交流に加え、留学生の交換や教員の派遣などが行われるようになりました。毎年両校から一〇名前後の留学生を受け入れており、その数は三〇〇人を数えるほどになっています（平成二十八年七月現在）。また当学園グループからも、両校に多数の学生が語学留学しています。

オックスフォード大学のセント・アンズ・カレッジ内には「ツヅキ・レクチャー・シアター（Tsuzuki Lecture Theatre）」が竣工し、次いでケンブリッジ大学のフィッツウィリアム・カレッジには「ツヅキ・メモリアル・ホール（Tsuzuki Memorial Hall）」も設立されました。

オックスフォード大学セント・アンズ・カレッジやケンブリッジ大学フィッツウィリアム・カレッジの公式ホームページを見ても、日本で正式に交流しているのは唯一、都築学園グループだけであると表明されています。

オックスフォード大学やハーバード大学の重鎮から「都築学園はオンリーワンの私学です。日本のためにも頑張ってください」と励ましの言葉をいただいているのは、とても名誉なことです。その言葉に恥じないようなオンリーワンの人材育成と学園経営を実践していかなければならないと、私は決意を新たにしています。

原点回帰を目指す

振り返ってみれば、昭和四十五年に都築家に嫁ぎ、創立者と同居生活を送る中で、私は頼助先生から建学の精神を学び、貞枝先生からは日本の伝統的な家事のあり方を教わりながら、日本に脈々と伝わる「和の知恵」を受け継いだと思っています。

不思議なことに、当学園の創立者本人から、建学の精神や教育にかける思い、日本精神の大切さなどについて、直接薫陶を受けたのは私一人しかいないのです。私は平成十九年に都築学園の総長を拝命して以来、「頼助先生と貞枝先生の教育に対する思いを後世に伝えることは、私にしかできない。私がやらなければならない」という使命感に駆られていて、学園の経営も含めて大きな責任を感じています。

かつて全国展開で急速な飛躍を遂げた都築学園に、急成長ゆえの歪みが生じていたことも事実です。ハイペースの全国展開に組織がついていけず、建学の精神の徹底などについて行き届かなかったこともあります。そこで第三者評価機関の「都築学園グループ評価・再生委員会」を設け、客観的な評価や助言をいただきながら、建学の精神に立ち返ろうという取り組みを、七、八年かけて行ってきました。

都築学園では、寄付行為に「学校法人の運営する全ての学校の教員を総理する」ことが学園総長の職務であると規定されております。学園総長という立場を受け継いだからには、懸命にやり抜くしかありません。

幸いなことに、偏差値がもてはやされた時代には、一学園の建学の精神は世間からあまり見向きもされませんでしたが、平成に入った頃からようやく世相も変わり始め、学園の建学の精神や理念を、社会が評価してくださるようになってきました。

金沢工業大学の総長で、日本私立大学協会の副会長を務めておられる黒田壽二《としじ》先生は、

「私学にとって最も大切なのは、建学の精神がどれだけ教育の現場に普遍化され、活かされているかということだ」と言われています。建学の精神に、ようやくスポットライトが当たるようになってきたことは、私学教育の現場にいる責任者として、これほど嬉しいことはありません。

私は今、学園総長という、かつて創立者が理想としていたことを現実にする立場になったことをチャンスと捉え、建学の理想「個性の伸展による人生練磨」を掲げながら未来へ向かうという使命感のもとに、懸命に走り続けています。

周囲から何を言われようと、ブレることもありません。学園の規模もグローバルに展開していますから、「個性を伸ばし、自信をつけさせ、世界に送り出したい」という創立者の夢を実現する教育を行っていきたいと考えています。

第四章

世界へ羽ばたけ！　日本の伝統精神

「短所はすなわち長所」に気づけば元気になる

教育の現場に身を置く者として、最近の子どもたちの心の問題は、非常に気にかかる事柄です。いじめが原因で子どもたちが自殺するとか、はては小学生が同級生を殺してしまうといった痛ましい事件をニュースで目にするたびに、胸がつぶれるような思いになります。

いじめは人間の無意識の中にある、自分自身でも気づかないコンプレックス、なかでも劣等感が原因にあると言われています。そのコンプレックスをバネにして成功する人もいるわけですから、子どもたちが自分自身の劣等感とどう向き合っていくかということは、非常に大切な事柄です。

私はとくに小学生が思い込んでいる、背が小さいとか口下手だという短所は、裏返せば長所であるということに、いかに気づかせるかが大事だと思っています。じつはこれには成功例があり、生徒に「私は背が低いです」などの短所を自己申告させて、それを別の生徒に「低いところが見えるからいいじゃない」といった「だからこそ〜」という長所に置き換えさせる授業を行っている小学校があるのです。

親も子どもと他の子どもを比較するのは良くないのですが、「私は他人と比べてここが劣っている、だから駄目なんだ」と本人が普段思っていることを告白し、それを他のクラスメートが長所に言い換えてくれると、とたんにクラスが明るくなり、いじめもなくなるのです。

短所を長所に置き換えることは、子どもたちが個性を活かして成長していくうえで、大きな力になるに違いありません。たとえば、背が高いほうが有利なのがバスケットボールの常識です。ゴールに少しでも近い二メートル以上の身長があれば良いとされますが、長身族の中で逆に活きてくるのが、背が低いということです。日本人で初めて米プロバスケットボールリーグ・ＮＢＡのプレーヤーになった田臥《たぶせ》勇太選手も身長一七三センチメートルとバスケット選手としては小柄です。ところが彼が持ち前のスピードで、大柄な選手の間をすり抜けるプレイスタイルで一世を風靡《ふうび》したように、背が小さいからこそやれることがあるのです。

彼のように、短所も裏返せば長所になるという、一見マイナスのように映る子どもたちの長所を逆転の発想で見抜き、「そこをもっと伸ばせ」と言えるコーチや監督がいるチームは、子どもたちが生き生きしています。人はその人にしかやれない長所や個性があるのです。

欠点と長所は表裏一体です。実際、今の子どもたちは、幼少の頃から人と比べられる環境にいます。内面に次第にコンプレックスをため込んでいて、大半はそのストレスから自信を持てなくなっています。逆転の発想で見方を変えることで、ありのままの自己を肯定できる機会を増やしてあげなければならないのです。それも、小学生までに取り組む必要があります。

兄弟ゲンカがないから加減を知らない

もう一つ、いじめの問題を考えるうえで大事なことは、子どもたちのコミュニケーション能力や、「人と人とのつながり」という意識が欠如していることです。

こうした角度から見ると、いじめの一端は、幼少の頃からの、いわゆる兄弟ゲンカをほとんど経験していないことにあるのではないかと考えられます。あえて誤解を恐れずに言えば、私は、学校に入る前に家庭内で兄弟ゲンカは大いにするべきで、遅くとも五、六歳までには経験してほしいと思っています。

昔の兄弟ゲンカは、たとえば男の子なら、首を絞められたり蹴られたりするのはしょっちゅうで、それは激しいものでした。しかし、自分の感情にまかせて相手を叩いたり蹴ったりする中で、自分も痛みを経験し、度を越したケンカをしてはならないということを、子どもたちは体で覚えていったものです。

ところが今の子どもたちは、本気でケンカをしたことがないから、お互いにちょっとしたことで相手に暴力をふるったり、友だちにイタズラでちょっと髪の毛を引っ張られたぐらいで「いじめられた」と言ったり、はては加減がわからず、相手に大けがをさせたり、殺してしまう悲劇さえ生じてしまうのです。家の中で社会生活の基礎的な訓練ができていないのです。少子化と言われて久しくなりますが、兄弟が少ない家族構成がもたらす負の側面が、すでに学校の教育現場にも現れてきているのです。

いわゆる「疑似兄弟」のようにして、園児たちを遊ばせる異年齢保育も良い取り組みですが、そこで「ケンカをしてはいけない」とか「仲良くしましょう」ということばかりを強調するのは、目的が違うのではないかとさえ思えます。家の中で、時にはお兄ちゃんに大事なおやつを取られて悔しがって泣くとか、たまりかねた弟がお兄ちゃんをポカリと叩いてしまうとか、良くも悪くも、兄弟がいれば誰でも経験するようなことがすっぽりと抜け落ちているのです。

その一方で、小さい頃からテレビやゲームなどで、血がほとばしり、人が悲鳴を上げて殺されるようなシーンを効果音と共に目の当たりにしています。その結果、対人関係の素地もできないうちからバーチャルの強い刺激を受けてしまうので、情緒が育たず、「他人を思いやる心を持ちましょう」と言われても、それがどういうことなのかが体感的にわからなくなってしまうのです。

心は言葉で説明するものではなく、身をもって知るものです。家庭は核家族になり、お父さんもお母さんも忙しく、ともすれば家に誰もいないことも日常茶飯事で、人と人との暖かいつながりを、身内で学ぶ環境が乏しいのです。いきなり園や学校で集団生活のストレスにさらされるのですから、そのストレスにどう対処していったらいいのか、身の置き所がないのです。

仮に学校で、クラスメートと殴り合いのケンカをしてしまうと問題行動です。先生に指導の中で叩かれたら、先生は生徒に暴力をふるったとして、進退問題に発展します。

もちろん暴力は肯定されるものではありませんが、これはある意味でアメリカ流人権教育の輸入であり、日本が日本流でなくなっていることの現れかもしれません。日本に脈々と伝わる「大和心」は、本来人に優しく包容力がある一方、誇りや名誉、家族や仲間を守るために戦うべきときには戦うという闘争心も合わせ持っているのですが、そういう日本古来の価値観や心が、子どもたちにうまく伝わらなくなって久しいような気がします。

取り戻したい「大和心」

カントやヘーゲルに代表される西洋哲学は、理性や知性の存在を強調しています。これに対して、日本古来の哲学とも言える「大和心」は情緒、すなわち気持ちです。その違いが明確に現れているのがたとえば脳死の問題で、今では脳死をもって人の死とし、心臓をはじめとする臓器の移植が可能になるという西洋流の考え方が医学界の常識になっています。

日本の臓器移植法では、ドナー（提供者）に臓器移植の意思がある場合に限り、脳死（大脳、小脳、脳幹がすべて機能しなくなった「全脳死」と、脳幹が機能しなくなった「脳幹死」がある）を人の死と認めることになっていますが、日本の伝統的な考え方にしたがえば、脳死は人の死ではありません。日本人にとっては、人体をパーツで部分に分けて考える思考はなく、魂や心も含めて総体として捉えています。たとえ脳が機能していなくても、心臓が動き血が流れていれば、その人は生きているということになるのです。

私自身も大学教育に携わる身で、非常に複雑な思いもありますが、日本人はもともと大脳の機能が停止しただけで、その人が死んだとは思えないにもかかわらず、脳死が人の死であると思うように仕向けているのが、大学教育であるということは否定できません。明治時代に始まった日本の大学教育が、西洋の近代思想や技術を導入することを主な目的としていた歴史がある以上、西洋の受け売りが少なからずあることも事実です。そうした状況の中で、グローバル化に対応するために、授業をすべて英語で行うなどの教育を、無批判に採り入れることは危険ではないかと思うのです。

グローバル化が進めば進むほど、逆に頭をもたげてくるのが各国のアイデンティティなのです。なぜなら、各国のアイデンティティが並立した状態で、世界共通の課題を解決していこうとするのがグローバル体制ということになるからです。今では経済、環境あるいは伝染病などの問題に対しても、一国ではとても解決できなくなっているため、地球全体で対処するというのがグローバルという考えの基本です。時代は大きく進歩し、アイデンティティが異なる者同士が、戦争という殺し合いで決着をつけることは愚かな過ちなのです。

こうした時代に誰がイニシアティブを握り、誰が従うかというやり方では、とても問題は解決できません。逆に、それぞれ歴史も考え方も異なる一国一城の主が集まり、それぞれが主張していることの中で共通点や妥協点を見出していくのは、「和の精神」を民族のＤＮＡとして持っている日本人が最も得意なはずで、これは企業の方もよくおっしゃる話です。

実際、海外留学生と日本人学生を入れて、大学で会議やプレゼンテーションを行うと、日本人はあまり英語での主張が得意ではないこともあり、聞き役が多いのですが、会議が結論に近づいたとき、シロ、クロに結論づけるのではなく、それぞれの主張の論点に妥協点や合意点を見つけ、解決策を提案し、「この線で手を打ったほうがいいのではないですか」という発言をするのが、必ずといっていいほど日本人なのです。日本以外の国の学生は、主に自分の主張だけをすれば、それでおしまいです。

会社の仕事でもそうなのですが、会議で自己主張をして終わりではなく、そのあとに結論を導き出さなければ話は始まりません。その意味で議論の状況を見て、話をまとめる方向に持って行く仲裁役や調整役に向いているのは日本人だと、むしろ海外の人たちが私たちの特長を認めているのです。

伝統的な「和の精神」を受け継いでいる日本人は、異なるアイデンティティを持つ人同士を、利害を越えて調和や融和に導くセンスにたけていて、そういうことが得意な民族なのかもしれません。しかも「調和」も「融和」も「和」という語がポイントで、けっして「併合」ではないところが、大和心や日本語の素晴らしさでもあると思います。

学校では、日本人がもっとそういう日本人らしい長所を発揮できるように訓練する必要があるでしょう。そもそもプレゼンテーションとは、発表者それぞれが自分の考えを自己主張することが目的です。ディベート教育にもそういうところがあって、お互いに言いたいことを言い合えば、最後に握手をして引き揚げます。

ところが、会議や仕事の現場で最も大切なのは、異なる意見を調整し、より良い、よりベターな結論を導き出す、考え出すことであって、日本人はそういう面で力を発揮することができるはずです。論争や論破はしなくとも、物事を穏やかに捉えようとしているのが、実は日本人なのです。

先にもお話ししたように、日本は古くから言霊《ことだま》の国であり、言葉に魂、心が存在する国柄である一方、英語は、アルファベットで表記された記号が並んでいる論理的な言語だという違いがあります。そもそも表音文字であるアルファベットそれ自体には意味がありませんが、日本語では文字自体が意味を持っており、さらに魂があるのです。

こうした文字や言葉の性格の違いによって、日本では森羅万象に神や魂が宿る有機的な精神文化が発展しました。一方、アルファベットで記される論理的な言語である英語で育まれた文化は、ある意味で合理的というか、ことさら理性を強調する無機的な部分があります。その意味で、日本文化と英語文化、日本文明と欧米の文明は正反対で、異質であるのです。

私は、和魂をベースに英語をツールとして修得する、「和魂英才」という伝統的叡智を勧めているのです。

知られざる「遣日使」の話

もちろん世界のどの国も、自国の文化に誇りを持っていて、自国が一番だと思っています。しかし日本人は、本来の日本伝統の上に受容した文化や思想、技術などを、オリジナルのものに改善、リノベーションを重ねて、最善のものへと洗練を極める特別の能力を持っています。実際に、そうした日本発の技術や商品、サービス、カルチャーが世界に大いに貢献し、国も宗教も違う世界の人々からリスペクトを受けていますが、それは今に始まったことではありません。

日本史の授業では、かつて日本から多くの留学生が遣隋使や遣唐使として、先進的な隋や唐の文化を学ぶために、命がけで大陸に渡ったことは教えられますが、じつは奈良・平安時代に遣唐使の何倍にもおよぶ「遣日使」と呼ばれる留学生たちが日本に来ていたことは、歴史の教科書に記されていません。

唐から日本に渡り、唐招提寺を開いた鑑真《がんじん》和上はその当時、唐でもトップの高僧でした。それほどの地位にあった僧が、五回も渡航に失敗しながらもなぜ日本に来たがったのかと言うと、それは布教のためだけではありません。鑑真和上は当時、唐に渡っていた留学僧から戒師（戒を授ける師僧）として日本に来るよう求められたのですが、日本では聖徳太子という摂政の尽力で日本に仏教が花開き、政治もうまくいっているという話を聞き、是が非でも、それを自分の目で確かめてみたいと思ったのです。

こうしたことが歴史教育で教えられていないため、日本古来の大和心はいま存亡の危機に立たされていると言っても過言ではないでしょう。そこで都築学園グループでは平成二十七年八月に、日本経済大学の東京・渋谷キャンパスに一般財団法人「日本文明研究所」を立ち上げました。

当研究所の研究分野は「思想・哲学・倫理領域（日本思想・大和心・和の精神）」「事業

継承領域（老舗）」「技術・ものづくり領域（美術・工芸・ファッション・ポップカルチャー・日本建築・テクノロジー）」「医療領域（漢方・和食）」「総合領域（政治・宗教）」の五領域からなります。前東京都知事で作家の猪瀬直樹さんに当研究所の所長をお願いしました。

「教育は国家百年の計」と言われますが、もし私たちの世代で大和心を風化させるようなことがあったら、百年後に生を受けている子孫たちは、「先人はいったい何をしていたのか」と残念に思うことでしょう。その意味でも、とくに大学教育において、日本人のアイデンティティや大和心、日本的価値観を取り戻すべきときに来ていると思います。

さらに高校においても、当学園では今後、日本史を高校三年間必修にしていきたいと考えています。もちろん当学園が運営している各高校は、私立学校と言っても、文科省の定める学習指導要領から外れることはできませんから、これはすぐに実現できることではありません。いま高校では、かつての社会科が廃止されて公民科と地歴（地理歴史）科に分かれ、地歴科の必修科目は世界史Ａもしくは世界史Ｂから一科目、加えて日本史Ａ、日本史Ｂ、地理Ａ、地理Ｂから一科目になるため、生徒たちは自ら日本史を選択しなければ、高校で日本史を勉強しなくてもよい仕組みになっていました。

高校一年から三年までの間に、生徒たちには、日本の古代から現代までをしっかり教えるべきだと思います。十八歳で選挙権が与えられたからには、知識や教養としてでも、現代の日本社会の背景にある歴史や伝統を、高校生たちは知っておく必要があるでしょう。

それにしてもなぜ、今の日本でこれほどまでに日本史が冷遇されているのでしょう。実際、日本史と世界史、地理を一つにまとめて地理歴史として一つの教科になったため、地歴科の先生は日本史、世界史、地理のすべてを教えるようになり、日本史専門の先生がいなくなりました。大学でも、史学科で日本史を専門に研究するところは少なくなっています。これは日本の将来にとって大きな損失ではないでしょうか。

それとまさに対極を行っているのがアメリカの歴史教育で、アメリカでは独立戦争や南北戦争などについて、どの場面で、どんな人物がどんなことをしたという史実を、詳細に至るまで学びます。一七七六年に建国してから二四〇年の歴史しかないにもかかわらず、分厚い教科書で生徒たちが学ぶほどに、アメリカ人たちは自国の歴史（ナショナル・ヒストリー）に対する誇りを持っているのです。にもかかわらず、日本人はなぜ日本史をここまでおろそかにするのか、非常に疑問です。

日本のコンテンツ力に隠された秘密

わが学園の経営の師である松下幸之助さんは生前、「日本はいい国だ」とよく言っておられましたが、日本人は今もう一度、「日本はいい国だ」ということを認識する必要があると思います。

それは、自国を自画自賛したり、ナショナリズムに陥ることではありません。自国の歴史や文化を客観的に認識するために、外国人の視点を借りるという新しい日本史です。『文明の衝突』（鈴木主税訳、集英社）で有名なハーバード大学のサミュエル・ハンチントン教授は、世界の文明を西洋文明、中華文明、日本文明、イスラム文明、ヒンドゥー文明、ロシア正教会文明、ラテンアメリカ文明、アフリカ文明の八文明に分類し、日本文明を、中華文明から二～五世紀にかけて派生した固有の文明だと位置づけています。

かつて日本の先人たちが中華文明から学びながら、独自の文化を築き上げ、それを文明にまで高めていったことを、ハンチントン教授はそう評したわけですが、これは日本人が昔から、新しいものをどんどん取り込んでいこうとする進取の気性と向上心を、DNAとして持っていたことと深く関係しています。日本の和歌史の流れを見てもわかるのですが、歌壇にも昔から守旧派と進歩派があり、守旧派を追い抜く新興勢力は、新しいものに対するあこがれや羨望において、守旧派に大きく勝っていたのです。

加えて言うと、日本は先の戦争でアメリカと戦い敗戦国になりましたが、新しさと創造力でたくましく発展を遂げていくアメリカのパイオニア精神やバイタリティは、当時の日本になかったのかもしれません。しかし、戦後日本はアメリカと敵対せず、彼らの持つ新しさや創造性をかなりのスピードで吸収したのです。

明治維新の頃、日本はヨーロッパに学んだように、日本はいつの時代にも旺盛な文化受容力を働かせ、文化や思想、技術を学んだ相手をいつの日にか凌駕してしまいます。外国の知識人は、日本人は自分たちから学んだものを洗練させるとか、リファインする力があるとよく言いますが、洗練と言うほど単純なものではなく、苦労して学んだものを咀嚼《そしゃく》し、完全に自分のものにして新しく生み出していくのです。これはある意味でお産と似ていて、産みの陣痛がひどかった分、わが子のように、ほかでは真似のできない素晴らしいものを生み出してきたのです。

これは歴史が証明していることですが、日本人は漢籍や仏教から学んだものを活かして、これまでにない新たなものをつくりだしています。

かつて日本が輸入した漢字も、明治時代になると、漢字の生みの親である中国が日本製漢字を逆輸入するようになります。「政府」「政治」「思想」「文明」「社会」「交通」「科学」「物質」などのさまざまな日本製漢字がこのときに輸入され、現代中国語で普通に使われるようになりました。中国人が西洋語から音訳した言葉には難解なものが多かったのですが、日本人が西洋語を翻訳した漢字はほどよく平易で中国人にも理解しやすかったため、広く普及したのです。

日本の歴史はこうしたリノベーションもしくはイノベーションの繰り返しで、中国やヨーロッパに学んだ文化や思想、技術を咀嚼し、百年も経つ頃にはオリジナルよりも優れたものを生み出してきました。戦後の日本はアメリカに学んできました。これからもアメリカからさまざまな事柄を、受け入れられるだけ受け入れるのかもしれません。戦後も七十年が経過しています。おそらく今から百年後にはアメリカを凌駕しているでしょう。

実際、文化の面ではすでにそうなっていて、日本の漫画やアニメなどはディズニーを越え、世界を席巻しています。漫画やアニメのコンテンツがここまで成長した背景には、長年にわたる蓄積があります。その歴史をさかのぼれば、真名《まな》（漢字）文学と仮名文学にたどり着きます。

日本では平安時代まで漢字が正式な文字とされ、漢文学ができなければ官僚になれませんでした。その代表的な人物が菅原道真公で、漢籍を学び学問や書に優れ、藤原氏全盛の時代に右大臣まで上り詰めた超秀才です。「和魂漢才」を唱えながら道真公は結局、讒言《ざんげん》に遭って失脚しますが、当時は漢詩、漢文の素養や学識がなければ出世できませんでした。

漢文はまさに当時さかんに学ばれた外国語だったわけですが、その一方で日本独自の文字として仮名が登場します。仮名は古くからの大和の言葉を書き表すのに用いられた文字ですが、『万葉集』は漢字の音を借用した万葉仮名で書かれており、万葉仮名の一部を省略した片仮名や、漢字を崩した草書体からつくられた平仮名も用いられるようになりました。勅撰和歌集として醍醐天皇の勅命により古今集が編集されたのは、道真公右大臣の頃です。

当時、真名は男性が使う文字で、仮名は女性が使う文字とされていましたが、紀貫之が作者を女性に仮託して、「男もすなる日記といふものを女もしてみむとてするなり」という書き出しで有名な『土佐日記』を著し、仮名文学が誕生します。もともと仮名は「仮の文字」であり、舞台裏で使われていた文字でしたが、とくに平安時代中期に「女房文学」

と呼ばれる女流文学が台頭してから、仮名文学が表に出るようになってくるのです。

もともとは仮だったものが、次第に地位を得ていくという意味では、もともと正式な絵画ではなかった漫画も同じような道筋をたどっています。日本画独特の線画の伝統がなければ、漫画は生まれなかったわけですが、日本には動物や人間を墨線だけで生き生きと描いた絵巻物の『鳥獣戯画（鳥獣人物戯画）』があり、そうした伝統作品がコンテンツとなって、後世になって花開いたのです。

これは明治時代になって、坪内逍遙《しょうよう》などが、従来の書き言葉である文語から離れ、日常の話し言葉に近い文体で文章を書く「言文一致運動」を行って以来、言文一致の小説や詩が徐々に地位を得て、一般的になっていったのに似ています。

漫画も、ひところは低俗で舞台裏の読み物でしたが、素晴らしい作品が世に数多く出て広く親しまれるようになると、今度は漫画が海外に輸出され、世界で大人気になるほどの文化伝播力を持つようになります。

国文学を研究してきた私の目から見ると、日本では、仮名文学にしても小説にしても漫画にしても、ずっと亜流だといわれていたものが正統とされるようになり、より洗練された高度な作品に進化していく歴史を繰り返しています。文化はそもそも歴史とともに、誰にでもわかる平易なものへと変化していくものなのかもしれません。

だとすれば、日本の漫画やアニメは外国人にもわかるところまで進化したので、そこに技術もともなって、水を得たように一気に世界に普及したのでしょう。実際、日本の漫画がアニメ化され、何カ国語にも吹き替えられて輸出されていますが、いま世界では『アンパンマン』『忍者ハットリくん』『ポケットモンスター』が大流行しています。

じつは、意外にも日本人はこういうことを知らないのです。自分たちの歴史や文明が、どれだけ高度な作品を生み出し、世界で親しまれ喜ばれているか。そして「和の精神」を特徴とする日本人の国民性がいかに高いのかを知ることは、けっして自画自賛ではありません。

日本が持つ価値に目覚めよ

はからずも、日本人の国民性の高さを世界に印象づけたのが、二〇一一(平成二十三)年三月十一日に起きた東日本大震災でした。震災直後、オックスフォード大学とケンブリッジ大学の先生方をはじめ、海外の多くの方から「都築学園は大丈夫か」と心配する電子メールやお手紙をいただきました。

そうした中で、被災地のコンビニエンスストアで略奪や襲撃が全く起きない、普通の日本人の冷静かつ礼儀正しい姿、皆で助け合っている姿が、ユーチューブで全世界に流れたのだそうです。その頃から、私たちがお目にかかる海外の方々が、「日本は他の国と違います」とか「日本の教育の素晴らしさを感じました」と異口同音におっしゃるようになりました。

でも、それは教育以前の問題ではないかと思います。被災当時は原発事後も重なり、それこそ日本が終わるのでは……と危惧されました。しかし日本は「みんなで頑張ろう」と励まし合いました。大津波で壊滅的な被害を受けた東北の被災者の皆さんも、決して津波を呪ったりせず、これは神様のなさること、自然のなすことだと天災を受け入れる一方、「ここから立ち上がって生活を立て直さなければならない」と、不屈の精神で頑張ってこられたのです。

時代はさかのぼりますが、こうした日本人の秩序ある行動や礼儀正しさは、戦国時代に日本を訪れたポルトガル人やスペイン人たちをも驚かせていました。彼らは日本を、ヨーロッパから見て極東にある野蛮国だと思っていましたが、高等教育を受けていない一般の人に至るまで、日本人が礼儀正しく清潔好きであることに驚きました。日本は野蛮どころか、文化や民族のレベルがたいへん高く尊敬に値する国だというのが、彼らの本当の第一印象なのでした。

これは平安時代でも同様で、遣唐使、遣隋使の頃から、中華思想の中国でも日本に対しては特別視しており、朝鮮も、日本を一目も二目も上に置いていました。私があえて現在こうしたことを取り上げなくとも、日本がその太古からいかに海外から賞賛を受けてきたかは、国文学や国語学の古文書に数多く残されています。

近世以降でも、本居宣長は、中華思想の影響を強く受けている「漢意《からごころ》」を否定し、日本民族固有の精神である「大和心」を説いていますし、川端康成はノーベル文学賞の受賞講演で「美しい日本の私」と題し、日本文化の素晴らしさについて語っています。日本人は、文筆家たちが作品の中に書き残している日本の素晴らしい価値を、しっかり学んでおくべきなのです。

実際、海外と交流していると、こういう日本の価値が至るところで見えてきます。国内では「日本国は偉いんだ」と声高に話すと、「そんなことを言っているから太平洋戦争になったんだ」と批判を浴びておしまいです。その意味でも、海外の方が日本文化をどう見ているかということは非常に重要なのですが、幸いなことに、日本について批判的な外国人の方は、一部の国を除いてほとんどいません。とくに教養ある知識人ほど、日本を認めるどころか大いに賞賛してくださっているのですが、なぜ日本のメディアはそういう面を報じないのでしょうか。

日本人をパートナーに選んだ世界最古の図書館

歴史を振り返ると、大まかに言って、日本が外国の文化や思想、技術を受容し独自のものとして新たに生み出すようになるまでに百年は要しています。

一見そのスピードは遅いようにも思えますが、その分学んだことが十分に咀嚼されて日本的なものになるわけですから、受容力では速いほうです。

イギリスのリチャード・トレヴィシックが世界で初めて蒸気機関車を発明し、日本初の鉄道が新橋・横浜間で開業したのが明治五（一八七二）年、そして国産初の蒸気機関車が完成したのが明治二十六（一八九三）年です。二〇一二年に、日立製作所がイギリスの都市間高速鉄道向けの車輌を受注し、昨年（二〇一五年）三月、日本で製造された車輌が、鉄道発祥の国であるイギリスに逆上陸したのです。

今や日本の高速鉄道技術は世界でもトップレベルに進歩していますが、こうした例を見ても、日本が海外の文化や思想、技術を学んでから百年も経つと、世界のトップクラスになるという一端がおわかりいただけるでしょう。

都築学園グループでは「日本文明研究所」を開設しましたが、同研究所での活動を通じて、日本という国が持つこうした固有の文明、日本人の持つ勤勉性や忍耐力、不屈の精神など、あるいは脈々と伝わっているＤＮＡを絶やさず後世に伝えていくために、「日本の価値に自信を持ってください」と世の中に広く訴えていきたいのです。

とはいえ、最近では世の中が変化するスピードがますます速くなっているので、正直なところ「百年も待てない」という現状です。ですから私たちも「教育は国家百年の計」と言わず、戦後の空白の七十年は過ぎたのですから、できるだけ早いうちに、多くの日本人が今ひとたび「日本の価値」に目覚め、グローバル社会の中で実力を発揮していけるような教育を実践していきたいと願っているのです。

私が声高に申し上げたいのは「日本よ、自信を持って進みなさい」ということです。技術やコンテンツに限らず、価値観や思想に加え、いわゆる「日本の知恵」も含めて、自分たちがもともと持っていたはずのものを、英語をツールとして使いこなしながら、海外に発信していけばいいのです。

言ってみれば、恵まれた自然の中に多数の神々が存在する「八百万《やおよろず》の神」という宗教観は、異なる宗教で人々が殺し合うことを避けるための、遠い先祖の知恵なのかもしれません。そのせいか、日本人にはもともと、異なる宗教に対しても寛容であるという気がします。

二〇一四年にＮＴＴデータが、バチカン市国にある世界最古の図書館の一つであるバチカン図書館の所蔵文献をデジタル化するプロジェクトを受注しましたが、これは羊皮紙やパピルスなどに書かれ、金銀などで豪華に装飾された「マニュスクリプト」と呼ばれる手書き文献約三千冊を、デジタル画像化するというものです。

これらの歴史ある貴重書には、神学などの宗教をテーマにしたものも多いので、宗教に対して寛容で技術力が高く、緻密で忍耐の要る作業をやり抜く根気と信頼性を合わせ持つ業者でなければ、とても任せられません。

そこでローマ法皇からの白羽の矢が立ったのが、日本企業だったのです。

同プロジェクトの対象になる手書き文献は、最も古いもので紀元後二世紀ぐらいに書かれた原書。白手袋をした作業員たちは、一冊ごとにお辞儀をし、礼を持って慎重に本を開き、一ページごとに紙面をデジタル化していくのですが、歴史的な貴重書ばかりで失敗は絶対に許されません。こうした難しい仕事を、キリスト教やイスラム教などの宗教、あるいは宗派を超えて確実にこなせるのは、じつは八百万の神の伝統を持つ日本人だけなのです。

このように、世界には「オンリー日本」にしかできない分野がいくらでもあるのです。たとえば欧米諸国をはじめとして、いまだに多くの国々が、大量消費は美徳であるという価値観から抜け出せない中で、モノの無駄遣いや使い捨てを戒め、最後まで使い切る「モッタイナイ」という知恵を、昔から受け継いできたのが、実は日本という国なのです。

ところが、とくに若い人たちは、こうした日本の強さや素晴らしさを全く知らされていない、学んでいないために、「欧米が偉くて日本は駄目な国」だというういわれなきコンプレックス、自虐思想をいまだにひきずっています。

とても残念なことに、日本人が先祖代々培ってきた知恵が、次の世代へと伝わっていません。世界の中で日本だけが持つ、オンリーワンの知恵や価値観、能力などを伝えていこうという人も、ほとんどいないのが現状です。

ですから、いま私が広く訴えていきたいことは、すでに一私学の域を通り越していきます。

「世界の中で、日本はこれだけ多くのオンリーワンの価値を持っている。だから日本よ、もっと自信を持ちなさい」と、私は改めて言いたいのです。

最新のジェット機を「お祓い」する国

私が日本の価値や日本精神を強く意識するようになった背景には、日本航空の国際線スチュワーデスとして勤務した体験も大きく関わっています。

私が入社した頃の日本航空は、世界の一流エアラインを目指して、飛ぶ鳥をも落とす勢いでした。定時運行を目指して定時発着率の向上に力を入れていたほか、無事故を目標に掲げ、全社を挙げ一丸となった取り組みを行っていました。

第一章でも述べた通り、私は日本航空に入社したあと、羽田の訓練所で十カ月間スチュワーデスとしての訓練を受けたのですが、そのとき、初めて見たメキシコ線のオープニングセレモニーの光景を今も鮮明に覚えています。

滑走路に駐機しているジェット機の前に、白い烏帽子《えぼし》と装束に身を固めた神主さんたちが三十人ぐらい、ずらりと並び、一時間近くかけて、祝詞《のりと》をあげてお祓《はら》いをするのです。モーニングを着て正装した松尾社長もその先頭にいらして、新入社員である私たち全員も立ち会い、安全祈願のセレモニーを見守っていました。

なかでも、コックピットやキャビンはもちろん、エンジンの中にも尾翼にも、神主さんたちが準備された白木のはしごを登り、丁寧にお祓いをしていたのには驚きました。最新のジェット機に神道のお祓いをするという、超近代と古代が入り交じった光景を目の当たりにして、私はカルチャーショックを受けたのです。これこそが「和魂英才」の光景でした。

そのとき初めて私は、採用時に松尾社長が、国文学を専攻した人をスチュワーデスに採用しようと考えていらした理由がわかったような気がしました。

当時の日本航空は、サンフランシスコ湾上でトラブルを起こしたとき、鶴が舞い降りるように見事に不時着し、「奇跡の日航」と言われ、世界でも有名だったのです。

正直なところ、そのセレモニーを見た私の最初の印象は、「天下の日本航空がわざわざ一時間もかけて、なぜこんな時代遅れなことをやっているのだろう」というものでした。

ところが、当時の日本航空でトラブルが発生しても奇跡的に事故につながらなかったのは、この神事を通して社員が心を一つにしていたからだと私は思うようになりました。

あのとき、松尾社長が深々と祭壇に祈られていたのは、口や理屈だけではなく、神事というセレモニーの形で「絶対に事故を起こしてはいけないのだ」「安全第一」ということを、新入社員も含めて日本航空の地上職、乗員職の全社員に徹底させたいという強い思いがあってのことだったのだと思います。

この新路線開きの神事をきっかけに、それまで私が国文学を学びながら何となく抱いてきた、日本という国に対する思いが一気に開花することになります。

その後、私がリンデンホールスクールを立ち上げた際、「日本のアイデンティティは絶対に外してはいけない」という頼助先生の言葉を心の支えにしたものですが、それ以前にも松尾社長のリーダーシップのもとで「世界の空へまさに『和魂英才』で飛ぶのだ」という気概を、日航で学びました。

実際、その頃、私たちは世界中のお客様から「インサイト・スチュワーデス」、すなわち洞察力を持つと言われ、それが日本航空の売りになっていました。「お客様が思っていらっしゃることが、言われなくてもわかるスチュワーデス」という意味です。

そうなるために私たちは訓練所で十カ月近くにわたり、

「お客様に『コーヒーをください』と注文される前に、『コーヒーはいかがですか』と勧められるようにせよ。お客様からオーダーされてからでは遅いのだ。お客様が何を望んでいらっしゃるのか、何を求めておられるのかを察知せよ」

と、察する力をつける厳しい特訓を毎日受けていました。

その当時、日本航空はまだ国際線に進出したばかりでした。ＩＡＴＡ（国際航空運送協会）に加盟して間もない頃で、世界ランキングトップを目指して躍起になっていた頃です。整備技術はすでに世界一という折り紙つきでしたから、あとはサービスの向上でパンアメリカン航空を抜く。そのため、こちらは「インサイト」で、パンアメリカン航空のできない日本的おもてなしのサービスをやるというのが松尾社長の方針でした。

したがって、当然和服デューティ（係）がいましたし、お客様のご要望を事前に察知し、「ブランケットはいかがですか？」とお勧めしなければなりません。飛行機に積んでいない飲み物を注文されても「それはあいにくございません」とは禁句ですので、「もっとお勧めのお飲み物がございます」と対応しなければいけません。

それは、いわゆる日本的な「おもてなしの心」のもっと先にある、サービスの原点。相手を瞬時に理解する洞察力や判断力、機転などが求められる厳しい訓練が、毎日英語で行われました。

ハーバード大学も驚いた自動車整備学校

私たち日本人がふだん何気なく見ているものの中には、外国の方から見て非常に珍しいものが数多くあります。たとえば、もう二十年前の話になりますが、米ハーバード大学の教育学部長が、わが学園を視察に訪れた際、グループ校の第一自動車大学校（旧・第一自動車整備専門学校）をご覧になり、非常に驚いておられました。

自動車を大量に生産し消費し、使い捨てることが普通であったアメリカから見ると、自動車整備士を養成する学校があること自体が、驚きなのだそうです。日本には定期車検制度があるため、整備学校を置いて整備士を育てているわけですが、自動車は使い捨てをしない、乗り捨てをしないのが日本では常識でした。

ところがアメリカでは、性能にも問題がありますが、車は故障したら新しいものを買えばいいというディスポーザブルな考え方で、日本のように手入れをして大事に磨き上げ、修繕し、大切に最後まで乗る。そのために整備学校をつくって教育までしているということ自体が、アメリカ人にとっては驚天動地のカルチャーショックだったのです。

第一自動車大学校を訪れたハーバード大学の教育学部の一行は、「この学校を、このままフォード本社のそばに持って帰りたい」と、ジョークを言っていました。

それほどまでに、日本はものづくりに対する強いこだわりを持っているわけですが、むしろ、モノを大切に最後まで使うという日本古来の美徳が非常に重要で、この思想はいま世界が必要としているのです。にもかかわらず、当の日本で消費や使い捨てといった言葉が当然のように氾濫しているのは、非常に嘆かわしいことです。最近では、梅干や佃煮にまで賞味期限が表示してありますが、梅干も佃煮も保存食なのです。

理屈を言えば、賞味期限は消費期限とは違い、賞味期限を過ぎたからといって、その食品が食べられなくなるわけではありません。たとえば羊羹《ようかん》は、開封したものでなければ賞味期限後一年間は安全に食べることができるそうです（『虎屋』ホームページ「羊羹の賞味期限」）。ところが、食品にわざわざ賞味期限の表示があると、期限を過ぎたものから捨てようとする人が多くなりました。

裏返せば、この表示制度はそもそも大量消費が前提になっていて、期限が過ぎた食品を捨てさせることを促進するものだと思えなくもありません。日本国はそういう表示制度を設けるよりも、食品の安全性についての知識を国民に教えるべきではないでしょうか。

かくして、日本がもともと持っていた美徳とは異なる、消費社会や使い捨て社会を助長するような制度を、なぜ日本に輸入する必要があるのかと、思わざるをえません。

ともすれば、日本人はモノを捨てずに大事に使うことの大切さを忘れ、モノをどんどん消費し、浪費し、使い捨てても平気になってきているのかもしれません。呼応するように終身雇用は崩れ、人も使い捨てるような社会になってきていますが、両者には共通した根があるのではないでしょうか。

もちろん新しさやクリエイティブな部分で、日本がアメリカに教わることは少なくありません。ところが、二千年におよぶ歴史を持ち伝統を大切にする日本と、歴史は浅いもの の、ベンチャー企業のように、次から次へと新しいものが生まれるアメリカとは、基本的には真逆の社会の組み合わせです。

伝統を大切にしてきた日本には、百年企業に加え、世界最古の企業である金剛組（大阪市天王寺区）をはじめとする一千年企業がいくつもあるように、企業が長く繁栄し永続するという点でも、世界でもオンリーワンの存在だと言えます。

なぜ日本でそういうことが可能だったのか。近江商人の「三方よし（売り手よし、買い手よし、世間よし）」の精神に代表されるように、利益を必要以上に追求してこなかったことが第一点。またファミリー企業を中心に、会社の理念や商品の製法を守ってきたこと。

そして、何よりもお客様や地域をずっと大事にした「お客様本位」だったからです。味噌、醤油から日本酒、工芸品、道具に至るまで、日本人は一子相伝で製法や、ものづくりのこだわりを伝承してきましたが、こうしたカルチャーは他国にはありません。

モノの消費や浪費、使い捨ての話に戻ると、現代の経済学では消費者がモノを買い、消費することで経済が回ることになっています。ところが近代以前の日本は、人々がむやみやたらに消費せず、モノを大切に最後まで使い切り、リサイクルできるものは再利用するというスタイルで経済を回していた経験を持っているのです。

だからこそ日本人は、「モノが壊れても、また新しいものを買えばいい」というアメリカ型の消費社会をむやみに真似しないでほしいと思うのです。モノの消費や浪費、使い捨ては日本のためにならないばかりか、途上国をはじめとする世界のためになりません。

漢方も和食も「知恵の結晶」

現在そして未来、日本国は世界のために何ができるか。

日本国の世界的使命は何なのか。

最近、中国や韓国が競うようにして途上国に自国企業の工場を建てたり、自国で設計したさまざまな設備や施設を建設しています。でもそんな大層な機械や近代的な設備はなくても、現地の人たちに技術や技能、あるいは職人の技を指導すれば、彼らは自らの力で自国を近代化していくことができるのです。

日本には、途上国の人々の暮らしに役立つ技術や技能、あるいは知恵が豊富に蓄積されています。また漢方の知識や知見も、途上国の人々の健康に大きく貢献するものです。

たとえば都築学園グループの薬科大学では、いずれにも漢方薬学科を設置しています。横浜薬科大学ではアフリカのベナンの留学生を受け入れています。牧師でもある留学生は、漢方について広い知識を身につけることで、「自国に生えている草や木の天然自然物から、こんな薬ができる」ということを学んでいます。高価でとても庶民の手には届かない先進国メーカーの薬を買わなくても、和漢薬に似たような成分を持つ植物は世界のいたる所にある、ということを教える。それが、結果的に多くの命を救うことに貢献できるのです。

これは食品の栄養についても同様で、和食の知恵は味だけではなく、健康と長寿につながる医食同源です。発酵食品が豊富で繊維質がふんだんにとれます。医療から衣食住に至るまで、日本が持っている優れたものを、海外の人々がもっと学んでくれたら母国のために役立てられるのではという思いで、都築学園では留学生を広く受け入れています。

かつての日本は、究極のエコ社会を実現したと言ってもいい国でした。ところが高度経済成長期にアメリカ流の暮らしに憧れ、バスタオルや洗濯機といった、それまで日本にはなかった商品が雪崩《なだれ》を打ったように日本に流入したのです。バスタオルを何枚か洗濯機に入れると一杯になり、乾燥にも時間がかかり電力をかなり消費します。ところが日本に古くからある手ぬぐいは、小さくても一枚で体を拭けるようにできていて、しかも風に当てればすぐに乾くのです。

第一章でも述べたように、私は結婚当初に都築家で、そういう明治流の知恵や精神を貞枝先生から伝承させていただきました。風に当てればすぐに乾く日本のタオルを使えば、電気代は節約できるでしょう。風呂敷の自由自在の用途は、ペーパーバッグを必要としません。日本の着物も極めて「エコ」で、お嫁入りで持ってきた振袖は、袖を短くして染め直し、仕立て直して着たものですし、最後は布団の側からお手玉という風に、最後まで捨てなかったものです。

「世界に尊敬される日本」に向けて

じつは、お酒を温めて飲む熱燗も、日本人の体に合った健康のための知恵なのです。魚中心の低カロリー食を食べてきた日本人にくらべて、肉食中心の高カロリー食を食べてきた欧米人は、平熱がだいたい一度高く、冷たいアルコールをおいしく感じるのです。したがって、欧米人よりも体温が低い日本人は、欧米人の真似をしてビールやオンザロックなど冷たいお酒ばかり飲んでいると、体が冷えて病気になりかねません。日本酒を熱燗で飲む習慣が日本にあるのも、もともと体温の低い日本人が、体を冷やし過ぎないようにするうえで合理的な飲み方なのです。

実際、体温が一度上がると、白血球が二〇パーセント以上増えることがデータでも証明されています。つまり、体温を上げると血液の循環が良くなるのはもちろん、白血球が増えて免疫力も高まるというように、冷えを取ることはたいへん重要なことです。

風邪の引き始めに、体を温める効果のある葛根湯を飲むのは漢方の知恵。薬以外にも、熱い温泉に入るとか、熱燗でお酒を飲む、あるいはこたつに入って頭寒足熱にするというのも、みな体を温めることにつながっています。日本人はそれが自分たちにとって快適で、健康にも良いことを知り、数百年や千年といった長い時間をかけて、そういう習慣や文化をつくりあげてきたのです。

こうした、自分たちの持てる知識や知恵、技術を教えることで、世界の人々を救うことができる唯一の国が日本だと、私は確信しています。

日本は第一次産業についても第二次産業についても、工夫に工夫を重ねて知識や知恵、技術を向上させ、ここまでたどり着いてきた国です。他国ではすでに機械任せにしてしまった田植えの技術にしても、それを途上国の人々に教えることができるのは、一から技術を学び、苦労して自分のものにした歴史を持つ日本人しかいないのです。

たとえ機械がなくても、共同体精神、すなわち「和の精神」があれば、新興国の人たちも力を合わせて祖国を近代化させ、自らの手で人々の暮らしを豊かにしていくことができることを、日本人は教えていくべきです。

「インフラ投資」の名の下に、先進国が途上国に群がり、国策で誘致した企業が近代的な機械や装置を売りつけるようなことをしていますが、日本人が持つ知識や知恵、技術が広まれば、あらゆる分野で途上国の発展に大きく貢献するはずなのです。

日本は、自らが持つ価値を世界の人々や地球のためにいかに役立てていくのかを、真剣に考えていかなければならないのです。

「世界や地球に貢献できる日本」こそ、日本人がこれから進むべき道なのです。

第五章

「和魂英才」教育の実践

「和魂漢才」と「和魂洋才」の知恵

日本に漢字が伝わったのは四世紀後半だと言われていますが、それ以前から日本には大和言葉がありました。文字があったかどうかは不確かですが、話し言葉はあり、それが伝承されていたのです。そこに漢字が伝わり、当時の日本の知識人たちによって、大和言葉に漢字を当てはめる作業が行われたのです。その中で万葉仮名が発明され、漢字を応用して片仮名や平仮名も生まれました。

奈良朝も平安朝も、漢字で書かれた漢学が当時の教養人の学問で、漢学のエキスパートと言えば、空海や聖徳太子ももちろんですが、菅原道真公をおいてほかにはありません。当時は藤原摂関家全盛の時代で、菅原氏は家柄から言えば亜流ではありますが、文章《もんじょう》博士、右大臣まで出世し、天皇親政を望まれていた宇多天皇、醍醐《だいご》天皇に認められたのですが、藤原時平の讒言に遭って失脚し、筑紫国に下ることになります。

その道真公が、もうこれ以上遣唐使を派遣しないと決めた理由は、「唐がすでに衰えていて、これ以上学ぶものがないという以上に、むしろ易姓革命思想が日本国へ波及することを危惧してのこと」だと思われます。ところが最近、道真公の遺訓であると言われている『菅家遺誡《かんけいかい》』について、いろいろなことがわかってきているのですが、同書に「和魂漢才」という言葉が初めて登場します。

和魂漢才とは、和魂、すなわち和の精神や大和心を持って、漢学、すなわち当時最先端だった中国の学問を学ぶべきだという考え方です。これと同じ主旨を、遣唐使が八九四年に中止されて百年後に、紫式部は『源氏物語』の「乙女」の巻にある夕霧の教育論の中で、「なほ才《ざえ》を本《もと》としてこそ、大和魂の世に用いらるる方《かた》も強う侍《はべ》らめ」と述べているのです。

紫式部の父である藤原為時が漢学者で、彼女自身も、当時の高位の女官である女房たちの中でも「日本紀《にほんぎ》の局《つぼね》」と言われたほど漢学が得意で、兄の藤原惟規《のぶのり》よりも博学だったと言われています。その意味で、紫式部は仮名文学の天才だっただけでなく、幼少の頃から唐の詩人・白楽天の歌集である『白氏文集』をはじめとする数多くの漢籍に通じていたほど、父親譲りの才能を持っていたのです。

実際、『源氏物語』の中には主人公の光源氏が、道真公が太宰府に流されたときに詠んだ漢詩の一説を口ずさむ話が出てきます。

先にも述べたように、平安時代に遣唐使が廃止されたあと、日本の風土に根ざした国風文化が興り、仮名文学が盛んになるわけですが、「和魂漢才」の思想はその後もずっと受け継がれ、江戸時代には契沖《けいちゅう》や本居宣長などによって国学の体系が確立されていきます。宣長は「敷島の　大和心を人問はば　朝日ににほふ山桜花」と詠んでいます。

国学の中心をなすものは和魂、大和心、大和言葉です。士族、すなわち武士も漢学の素養を身にはつけましたが、大和魂を疎かにはしませんでした。むしろ大和魂こそが士族の心であり、漢詩漢文や四書五経も学ぶのですが、それはあくまで教養、学問としての話です。つまり、漢学は学識として学ぶのであって、魂、心は変わらないというのが日本精神なのです。

そしてさらに時代が下り、幕末にはアメリカをはじめとする欧米列強が武力を背景に開国を迫り、このままでは日本国が滅びてしまうかもしれない脅威の中で、明治維新を迎えます。こうした歴史の流れの中で、政治家をはじめ知識人たちは、この国難をどうやって乗り切ればいいのかということを考え続けました。明治天皇の五箇条の御誓文にも「智識を世界に求め、大に皇基を振起すべし」と書かれていました。そして、夏目漱石や森鷗外などの文学者をはじめ、初代文部大臣として教育制度の改革を進めた森有礼《ありのり》などの当時の知識人たちが思索を深め、先人の知恵を応用したのがいわゆる「和魂洋才」という思想です。幕末に有為の人材を数多く育てた松下村塾もそうでしたが、明治の日本は、和魂漢才の「漢才」を「洋才」に転回して、国史上の危機を乗り切ってきたのです。

外来のものは術、ツールであり、科学技術も術として受け入れる。しかし、それで日本を根底から変えてしまうのではない。譲れないものは和の魂であり、これだけは有史以来守り続けてきたものだという思想なのですが、これは艱難《かんなん》の果てに巡りついた、明治新政府の大英断だったと思います。

今こそ日本に必要な「和魂英才」の精神

このように、「和魂漢才」と「和魂洋才」による外来文化の受容が二回行われてきたのが、日本の歴史だと言えるでしょう。

ところが戦後の日本は、安岡正篤《まさひろ》先生のご功績が偲ばれますが、日本国憲法をはじめとして、GHQ（連合国軍最高司令官総司令部）の政策によって変えられたものを是正することができませんでした。その潮流から、国旗の「日の丸」の旗を掲げてはいけないとか、国歌の『君が代』を歌ってはいけないという自虐的な雰囲気が、「日教組」をはじめ教育の現場に長い間あったのは否定できない事実だと思います。

しかしながら一方で、和の精神や協調の精神、利他の精神など、日本の伝統的な価値観は、依然として庶民の底流には存続していました。何もかもをアメリカ流に変えようとする流行を疑問視する雰囲気もありました。

あの東日本大震災を機に、お互いに助け合う和の精神や思いやりの心など、日本の精神性の高さが改めて強調されるようになり、海外からもそういう日本精神の素晴らしさが評価されるようになりました。

今日懸念されているのは、グローバル教育あるいは英語教育の問題です。これは避けて通ることができない時代です。

二〇一五年九月のタイムズ・ハイヤー・エデュケーションによる世界の大学ランキング調査では、東京大学が四十二位と順位を落としましたが、ノーベル賞受賞者を数多く出している東京大学でさえ、こうしたランキングでなかなか上位に行けません。

じつは、これには理由があります。日本ではあまり知られていないのですが、グローバルという点で、留学生の数が大学の全学生数の三分の一以上いて、講義の三分の一以上が英語イマージョンで行われていること、教授も三分の一が外国人であること等のランキング入りの条件があるからです。

私は、東京大学がそうまでしてランクをキャッチアップする必要があるのだろうかと思います。なぜなら、グローバルスタンダードの中でも日本は日本だからです。

いまはグローバル、すなわち地球規模で日本がいろいろな国と付き合う時代になっていて、将来の日本を支える子どもたちを育てるのに、英語教育は避けて通れない問題です。ノーベル賞もすべて英語で審査されています。川端康成の名作も、美しい表現で英訳されて初めて世界に認められることができました。日本がいま永年の課題である英語の問題をクリアするためには、先人たちの知恵に倣い、英語はあくまでツール、手段、方法として、最も大切な和魂、大和心は失わない、という「和魂英才」の考えがふさわしいのではないかと思うのです。

都築学園では、第三章で紹介したように、英語イマージョンスクールのリンデンホールスクールを運営していますが、以前から交流のあるオックスフォード大学の先生方から、「グローバル化や国際化を進めるうえで、最も大事なのは日本のアイデンティティです。これなくしてグローバル化や国際化はありえません。アイデンティティを持ってこそのグローバル化なのです」というアドバイスをいただいてきました。

これがリンデンホールスクールの初期の構想段階で大きなヒントになりました。

「あくまで日本を根幹に据えて、英語をツールとして活用するという方法を考えればいいということであれば、国語や国文学に何十年も触れてきた自分ならばできる」と私は確信しました。そこで、道徳の時間を使い、文武両道のポリシーの下で、茶道や剣道、書道、華道を実技で教え、中学・高校課程では理論を教えるということから、リンデンホールスクールの教育がスタートしたのです。

このリンデンスタイルは、じつは自国のアイデンティティを持ってグローバルに活躍できる人を育てる、自分以外の他人、自国以外の他国を理解できる、国際的な大学入学資格である国際バカロレア資格（ＩＢディプロマ）の教育ポリシーと合致していることでした。

ＩＢディプロマプログラムでは、他を知ることは自分を知ることであり、世界には自分たちと価値観の異なるさまざまな国々があることを勉強します。それを学ぶ手段は英語であり、「日本はこういう国です」と、自分たちの価値観や文化を他国の人たちに伝える手段も英語です。ＩＢプログラムのカリキュラムはこうした考え方に基づいて定められていて、世界史だけでなく自国の歴史もきちんと勉強しなければならないことになっています。

リンデンホールスクールの中高部は平成二十五年十月にＩＢの認定校になりましたが、

光栄なことに、審査の結果は満点に近いものでした。英語はもちろん、とくに生徒たちが小学部以来、日本文化を実技とともに学んでいることや、ボランティア活動などがポイントになり、「これはすでにＩＢの精神の実践校」と、実地調査に来られた四人の審査員が高い評価をしてくださったのです。一般に、ＩＢの審査にはだいたい半年を要しますが、私たちは、審査員の皆さんが帰られた数日後には、ＩＢ校に内定したことを告げられました。

子どもたちに英語で教えてきただけでなく、国語を教え、日本を教え、日本のアイデンティティを正しく持ったグローバル人材を育てるという、リンデンホールが今まで九年間やってきたことが、バカロレアの精神に合致していると評価され、ＩＢ校に即認可となったのだと思います。

震災で行動を起こした子どもたち

繰り返しになりますが、日本の先人たちは長い歴史の中で、これから国をどうしていくのかという朝野を挙げた議論の中で、和魂漢才、和魂洋才と、「和魂」を大事にしながら外来の思想や文化、技術を導入し、国難を乗り越えてきました。

最近では総理自らが、「日本を取り戻す」とか「和の精神」といった、日本を前面に出した発言をなさっているようですが、さすがに政治家は、時代の空気を捉えることに敏感だと思いました。

また、神社に初詣に訪れる若者が増えているといいます。これは今までになかった現象だそうです。私も、日々学園で学生たちと接する中で、「若者たちは、日本を求めているのではないか」と感じるのです。

東日本大震災のときでした。

いま日本には、小学校、中学校、高校と合わせて十数万人の不登校の生徒がいます。その理由は、学校になじめないとか、いじめ、心の病気、あるいは経済的な事情に至るまでさまざま。高校は義務教育ではないため、学校を中退して通信制の高校に行く生徒もいます。引きこもりの生徒たちも少なくありません。

ところが、そういう子どもたちが震災のときに、自らボランティアに参加し出したのです。彼らの行動を見て、私は「不登校の生徒たちに対する偏見を持ってはいけない」と教えられたような気がしました。病気で学校に来られない人は別にして、「引きこもりの子どもたちは、自分の出番を探している、あるいは自分が必要とされる機会を待っていたのではないか」と感じたのです。

学校でも、家庭でも自分の居場所がないのです。ところが、そういう孤立感を抱いていた生徒や学生たちが惨状を見て駆けつけ、生まれて初めてかけがえのない体験をしているのです。

ある生徒は被災地で、泥の中に落としてしまった眼鏡を探しているおばあさんに出逢い、一緒になって眼鏡を探してあげたそうです。ようやくのことで見つけた眼鏡を水で洗い、おばあさんの顔にかけてあげたら、目と目が合い、おばあさんはその生徒の両手をつかみ、涙を流しながら「ありがとう」とお礼を言われたというのです。

「そのとき僕は、今まで生きていてよかったと、初めて思った」と話してくれた生徒の言葉に、私は思わず涙しました。

「たかがそんなことで」と、私たち大人は思うかもしれません。でも本人にとっては、たとえどんなに小さなことであっても、「あなたがいてくれてよかった」とか「あなたでなければできない」と自分の存在を認めてくれる場面や、認めてくれる人がいたということが、何よりも大きいのです。

「子どもたちはほめて育てればいい」と言われますが、おだてるようなほめ方は届いていていません。一人の人間としての存在、必要とされていること、認めてほしいことは何なのかということを、身近な大人や先生、家族がわかっていないと、いくらほめても心に届かないのです。自分が心置きなく居られる場所と、自分が何かのために、誰かのために役立っている、必要とされているという実感で、子どもたちが、これらを経験できる機会や認めてくれる人に出逢えたか、が生き方を決めるのです。

不登校になったり、引きこもるようになったきっかけには、たとえばいじめに遭ったとか、さまざまな事情があるでしょう。でも、そういう子どもたちが外に出て行くことができない理由は、彼らが負け犬だからではけっしてありません。彼らは自意識が強く「自分でも役に立つことはないだろうか」ということを、ネットなどのさまざまな情報で探しています。自分が存在感を得られる居場所や、自分が何かのために役立てる場を探す作業を、彼らはやめていません。東日本大震災のとき、被災地で困っている人たちの映像がネットなどで多数流れ、それを見た彼らは助けたい一心で、「自分にも何かできるのではないか」と一念発起して行動し始めたのです。

いまから二十年前の平成七年に起きた阪神・淡路大震災のときもそうでした。

高校生や大学生がボランティアとして、ああいう震災の現場に大挙して押し寄せるとは誰もが予想してもみなかったでしょう。

でもその裏返しとして、彼らが「誰かのために何かをしたい、役に立ちたい」「心からありがとうという言葉を得たい」のにもかかわらず、今の教育の現場ではそうした自己肯定が得られないというのも事実なのです。子どもたちはありがとうと言われたい、そして自分という存在をありのままに認められたいと思っています。誰かのために、何かのために、自分が必要とされているという実感がほしいのです。

こうした思いを秘めている若者たちの心を呼び覚ましたのが、震災でした。とくに地震と津波の被害が広範囲に及んだ東日本大震災は、この震災で日本は衰退するのではないかとまで言われた国難でした。彼らは考え、自ら行動し始めたのです。

国難を目の前にして、自分にできることを考え、行動するのが今の高校生、大学生の特徴で、彼らは日本を守るため、あるいは日本のために、「自分も何かやらなければならないのではないか」という思いを強く抱いているのです。

日本の素晴らしさを教える

戦後、日本のメディアは多くの過ちを犯してきました。反戦思想を強調するあまり、たとえば毎年八月十五日に行われる終戦特番などで、特攻隊員たちは行きたくもないのに、軍隊にむりやり強制されて特攻に行ったなどと言っています。

本当に皆がそうだったのでしょうか。たしかに彼らは死ぬときに、「天皇陛下万歳」ではなく「お母さん」と言って敵艦に体当たりしたかもしれません。でも、揺るぎない大和心を持っていた当時の多くの日本人にしてみれば、「国のためなら死んでも本望だ」とか「これで親兄弟や子ども、そして愛する人を守ることができるのだったら悔いはない」という気持ちがあったのではないでしょうか。

その気持ちは、今の不登校や引きこもりの子どもたちが、震災で国がだめになってしまうかもしれないという危機感を抱いたときや、津波に遭った人たちが泥の中で死んでしまうかもしれないというときに、矢も楯もたまらず「自分にできることはないか」ととっさに行動し始めたのと似たような心理だと思います。

そういう気持ちを引き起こしたのが、以前は阪神・淡路大震災で、最近では東日本大震災です。それらの出来事は、その時々の若い人たちにとっては非常に明確な時代のターニングポイントになったことでしょう。彼らはその経験を通じて、自分たちが守るべきもの、そして愛すべき祖国である日本を、初めて自覚したのだと思います。

実際、平和な日本にいると当たり前のように思える日常の生活も、海外から見ると実に素晴らしいものです。

最近では民放で、外国人から見た日本の「すごいもの」を紹介する番組が流行っています。たとえばある小さな工場で、海外の名だたる教会に設置されているパイプオルガンのパイプをつくっているとか、イスラム教の聖地であるメッカの神殿の方向がわかるコンパスも、中国製は壊れやすいので、日本製を用いて日々の礼拝を行うイスラム教徒が多い、というようなことが番組で紹介されていました。

中東の男性が着る民族衣装に使われている「トーブ」と呼ばれる生地も、その多くを日本の繊維メーカーがつくっていて、高級品では日本製がほぼ一〇〇パーセントだということです。地域や宗教を超えて、メイド・イン・ジャパン、メイド・バイ・ジャパニーズの製品が世界の人々に信頼され、尊ばれていることを、メディアはもっと日本人に伝えるべきです。

従来、日本のメディアは日本の製造業について、「廃業が相次ぎ、跡継ぎもいないような衰退産業」という暗い面を強調し、日本のものづくり産業がいかに世界の人々の役に立っているかということなど、ほとんど伝えてきませんでした。近年、中国人観光客たちの

「爆買い」がたびたび取り上げられます。私たちの気づかないところで世界中の多くの人々に愛され、買い続けられている製品、それを細々とつくり続けている日本の製造業をクローズアップして維持させていくという視点が、メディアに必要ではないでしょうか。

加えて言えば、こうしたものづくりをはじめとする日本の素晴らしさを知ることで、若い人たちは自信と誇りを持つようになるのです。若い人たちは日本の歴史や文化についての知識がほとんどありません。

たとえば「皆さん、二月十一日って何の日でしょう?」と聞くと、「建国記念の日です」という答えが返ってきます。ところが「では建国って何ですか?」と質問すると、そこから先が答えられません。さらに「日本は紀元何年に興ったのでしょう、神武天皇って知っていますか?」と聞いても誰も知らないのです。

学校教育で『古事記』や『日本書紀』を教えてこなかった、もしくは教えてはいけないとされていた戦後七十年間で、日本人を知らない日本人が育ってしまったのです。日本の歴史をとくに現代史について語り、「文武両道」という日本の伝統も、日本武道館からよみがえったのです、という話をすると、彼らの目が輝き出し、最後に拍手をします。

生徒たちは、日本のことをもっと聞きたい、知りたいと思っているのです。

にもかかわらず、こうしたことが日本の歴史教科書から省かれています。いま安倍内閣が教育改革を進めようとしていますが、たとえば高校では、平成になって以来、日本史が選択科目に追いやられてしまったのです。教育の現場から言うと、日本の歴史は時代も長く、内容も深いため、一年間ではとても教えることはできません。到底受験にも間に合いません。日本史は、高校三年間を通じて必修にするくらいの内容です。

そして、国語の時間をもっと増やす必要もあります。仮に英語が優れていても、自国の言葉や文化について教養を持ち合わせていなければ、本物の国際人とは言えません。世界共通の英語も学ぶ一方で、日本史も国語もしっかり学ぶことが、和魂英才の教育の第一歩であり、そういう教育を行い、和魂を取り戻せば、若者たちは確実に元気を取り戻せると思います。

そもそもメディアは、何もかもを否定的、批判的に捉えて「日本は駄目だ、駄目だ」と自虐的です。メディアが若者たちに対して本来言うべきなのは、「君たちは素晴らしい日本という国に生まれてきたのです。そのことをまずお父さん、お母さんに感謝してください」ということではないでしょうか。

何よりも、「日本はこういう国で、こんなに素晴らしい歴史を持っています。海外からはこんなに尊敬の目で見られています」と、生徒たちに真実を語るだけで、「何か自信が出てきた」と若者は目を輝かせます。「日本に生まれてよかった！」と言って、拍手をする子どもたちもいるのです。

私たちは今後二十年もしくは五十年先を見据え、日本固有の文明を自覚し、日本人としてのアイデンティティをしっかり持った、真のグローバル人材を育てる和魂英才の教育に取り組むことが必要なのです。

英語で世界とわたりあう

先日、都築学園グループ評価・再生委員をお願いしている江崎玲於奈博士に教えていただいたのですが、たとえばノーベル物理学賞を選ぶにしても、スウェーデン王立科学アカデミーが世界中でどんな研究が行われているのかをすべて把握することはできません。そこで各国が同アカデミー向けにロビー活動をしているのですが、遅まきながら日本政府も、十年前から主に物理学分野で同アカデミーに対するロビー活動を始め、日本でこんな研究が行われていて、こんな成果を出しているということをレクチャーするようになりました。その結果、同アカデミーも「日本にこういう優れた研究があるのか」ということを知るようになり、ノーベル物理学賞の受賞につながっているというのです。

日本政府は長きにわたって、こういうロビー活動をしてきませんでした。今でさえ、国連に対するロビー活動は充分にできていません。二〇二〇年の東京オリンピックは、国際オリンピック委員会（ＩＯＣ）に対してのロビー活動が実を結び、東京に誘致が決まりました。世界はロビー活動で動いているといっても過言ではありません。海外ではロビイストという職業が確立していて、橋渡しの役を果たしています。

こうしたロビー活動で大切なのが英語です。スウェーデン王立科学アカデミーに対しても、英語で「日本ではこんな研究が進んでいます」ということをていねいに説明しなければ、相手には伝わりません。これは、たんに英会話ができるというレベルの話ではなく、難解な物理学の研究内容について、専門用語を交え、英語で学術論文レベルのやりとりを行う必要があります。こうした高いレベルの英語を駆使できるロビイストがさまざまな分野で多数出てくるようになれば、国際社会で日本のことがもっと理解されるようになるのではないでしょうか。

それは、私が提唱している和魂英才の教育が目指す理想の姿であり、都築学園グループという枠を超えて、日本の未来のためにどうしても譲れない部分なのです。

幕末に松下村塾が、江戸ではなく地方の長州・萩で興ったのは、私にとっては非常に興味深いことです。私の父は山口県萩の出身で、私自身も葉隠の地である肥前佐賀に生まれたことを考え合わせると、「やむにやまれぬ大和魂」という吉田松陰先生の言葉に感じるところが大なるのも、生来的なものかもしれません。

幕府が勅許を得ずに日米修好通商条約を結んだことを批判した吉田松陰は、「安政の大獄」に巻き込まれて江戸に護送される途中で「かくすれば　かくなるものと知りながらやむにやまれぬ大和魂」という歌を詠んでいます。「こんなことをすれば、こうなるとわかっていながら、やらずにはいられないのが大和魂というものだ」というのがこの歌の意味で、私にとって、そこまでしてもやり遂げなければならないものが、和魂英才の教育を回天の軸にした日本の真のグローバル化なのです。

外国人留学生は将来の日本の宝

都築学園グループは留学生の受け入れに積極的です。最近では総合大学の早稲田大学にトップを譲っているものの、日本経済大学は、単科大学で留学生の受け入れ数が第二位です。グループ校すべてを合算すると、都築学園が留学生数はダントツの一位になります。

日本語はアルファベットで表記する言葉とは大きく異なり、言葉自体に意味と精神が宿っている特殊な言語。留学生は全員、その日本語を学んで大学に入ってくるわけです。日本の大学がそういう人たちを積極的に受け入れ、日本語を通して日本を学んでもらうことに、私は大きな意味があると思います。大学では、さまざまな科目やカリキュラムを通して、留学生たちが日本文化や日本精神を自然に習得することが可能で、留学生はその後、日本に対する最大の理解者になることは間違いありません。

実際、最近の留学生たちを見ていると、留学する以前からの日本びいき、日本ファン、日本の理解者が多いように思います。実際、彼らは日本が好きで、日本を選んで来ています。留学の動機を尋ねると、ほぼ全員が子どもの頃から日本のアニメが好き、日本の和食が好き、日本の文化が好きで憧れていたと答えます。こうした事情をよく知らない人たちが「アメリカに留学できなかったから、第二志望で日本に来ている」と自嘲的に言うこともありますが、実際には「アメリカに留学できなかったので日本に来た」と言う人はほとんどいませんし、日本が嫌いだという人もいません。彼らは日本を学びたくて留学して来ているのです。

いま、そういう外国人たちに、日本を学んでもらえるような願ってもないチャンスが訪れているのですから、彼らを積極的に受け入れ、「第二日本人」と言えるような日本のファンを、世界中に輩出していくことに大きな意味があると思います。

これまで日本は、英語を学んだり留学することがグローバル化だと考えてきました。たしかにそれも、日本人がやらなければいけないことの一つですが、もう一方で広く留学生を受け入れ、日本語を通して日本を学んでもらうことも、日本がグローバル化を進めるうえで不可欠です。

これは非常に大事なポイントですが、熱心な外国人留学生たちは将来の日本の宝です。留学生は日本の大ファンで親日派。日本に憧れて来ているのですから、日本を嫌いになって帰国する人もほとんどいません。むしろ「もっと日本にいたい」という人ばかりで、母国にいる親が心配しているくらいです。反日報道ばかりする国では、親たちは子どもが日本に行ったら報復にいじめられるのではと不安を抱いています。ところが、現実に留学生をいじめる日本人は、一人もいません。子どもを通して「日本人は本当に寛容で優しい人たちなのだ」ということを、親世代が学んでいるのです。

「日本ファン」を増やす外交戦略

留学生三〇万人計画がアドバルーンだけでないのならば、国は奨学金を出して、もっと積極的に留学生を受け入れたほうが得策だと思います。そうすれば、外国人留学生はアジアの発展途上国の人たちが多いですから、将来的にアジアで日本ファンの層を底上げできることは確実です。そのうえで外交や国際交渉、経済活動に臨めば日本の国益につながります。新幹線や発電設備などのインフラをはじめ、さまざまなメイド・イン・ジャパンを売り込む際、日本人がロビー活動が下手でも、相手国に親日派の政治家や実業家が数多くいれば、世論が味方して事が有利に運ぶことは間違いありません。

「私は日本に留学しました」とか「私の母校は日本経済大学です」と言う方たちが世界に数多くいるということは、日本の将来に向けた布石になると思います。不法滞在を理由に、留学生の受け入れに厳しい指導が繰り返されることに、疑問を感じざるをえません。不法滞在には新たな対策を講じて、物事を長期的に見てほしいと思うばかりです。

というのも、日本に留学した発展途上国の若者たちは、二十年、三十年後、自国の発展とともに中堅エリートになっていくことは間違いないのです。日本で学んだ彼らは、日本語も雄弁で、日本の最大の理解者に成長してくれることでしょう。

日本は何千年にもわたり、ほぼ日本人だけで構成されてきた特殊な国です。グローバルな未来を考えると、留学生は相手国のエリート層の子弟であることが少なくありませんから、彼らを受け入れることにはプラスの面のほうが大きいのです。

実際、企業の皆さんもそう考えていて、留学生を欲しがっています。最近では大手企業に限らず、中小企業も海外進出を活発化させていますが、企業経営者たちは海外に市場を開拓したいと思っていて、現地に明るい日本留学経験者を海外営業の担当者に採用したいと考えているのです。

最近では、中小企業庁が中小企業および小規模事業者と留学生のマッチングを支援する「中小企業・小規模事業者海外人材対策事業」を行っていますが、情報が少なく、留学生たちもどんな企業に就職していいのか判断に困っているようです。一部上場企業の会社案内や求人案内は比較的豊富に揃っていますが、とくに中小企業に関する情報が不足しています。

変えてはならないものがある

第四章にも記したように、「世界や地球に貢献できる日本」こそ、日本人がこれから進むべき道であり、今後、さまざまな日本の叡智が世界を救うことにつながっていくことでしょう。犬のフィラリアの特効薬でも知られる、寄生虫による感染症の治療薬開発に貢献した北里大学特別栄誉教授の大村智《さとし》博士が、二〇一五年のノーベル生理学・医学賞を受賞しましたが、こうした救世主のように素晴らしい研究を行っている研究者が日本には数多くいるのです。

一方、アメリカは、新しさやクリエイティブな部分で素晴らしいものをたくさん持っていますが、基本的にマネーの世界です。数多くの人種・民族で構成されてきた国ですから、共通の価値はドルにしかないというのが、国の成り立ちの中で大きな部分を占めていることは否定できないお国柄です。

もう一つ、アメリカと付き合ってみるとよくわかるのですが、短期戦にはたいへん強いのですが、長期戦は苦手な気がします。逆に日本人は長期戦もしくは持久戦で勝っています。学術研究においても、すぐに結果が出るとは限らない地味な分野でも、あきらめずに緻密な作業をコツコツと忍耐強く続けることができるのが、日本人の長所です。

ところがいま日本では、政治でも経済でも教育でも、短期的な視点で結果を求める傾向が強くなっていて、設備投資や新規事業一つをとっても、費用対効果を含め短期間に成果を出すことが厳しく求められるようになってしまいました。

日本のノーベル賞受賞者たちに話を聞くと、自分たちがノーベル賞を受賞できたのは、長期戦で戦えたからであって、先端的な基礎研究には二十年も三十年もかかるのに、短期的な成果ばかり求められるようになると、「もう研究はやれない」と悲観的です。ベンチャー企業の経営者たちも、四半期決算の中でいかに数字を立てるかということばかり求められるため、時間がかかる研究開発に集中できないと嘆いているのが現実です。

今の日本は、グローバル化の名のもとに、アメリカをはじめとする欧米の制度やシステムを、日本に適しているかを検討もせずになぜ即導入してしまうのか、非常に疑問です。

そもそも、かつての日本は、漢字も日本化という難事業を成し遂げながら導入しました。古来、海の向こうから伝来してきた外来の文化・文明も、それが日本に合うのかどうか、もしくは日本化するにはどうしたらいいのかを十分に考えたうえで取り入れてきました。そこに知恵を尽くすことこそ、知識人の重要な役割だと思います。

私自身は、創立以来六十年という都築学園の歴史の中で、その根幹を守りながら、グローバル化の潮流に合わせてどう変えていくか、ということを常に考えています。建学の精神という学園固有の原理は不変です。

「不易流行」というように、変えてはならないものと、時代に合わせて変えていかなければならないもののバランスが大切です。そこをどう判断し、線引きしていくのかが、その時々に経営や教育を担う人の英断を求められるところだと思います。捨ててもいいものと、絶対に捨ててはならないものを見極めることの大切さは、私学はもちろん、国にしても地方にしても同じだと思います。

日本の優れた文明を世界へ発信

いま「地方が衰退している」とよく言われますが、それは一方で正しいのですが、何が衰退なのかが不明です。

実際、日本各地に足を運んでみると、「ここには、こんな素晴らしいものがある」とか「ここには、歴史的にこんな由緒がある」というものがたくさんあります。じつは、それが日本の持つ潜在的な強さです。駅弁が各地によって違うように、日本の各地域ではそれぞれ特色やこだわりを持って発達してきているのです。それらをいかに現代化し、若い人たちや海外の人々に伝えるかが、知恵や工夫の見せ所だと思うのです。

さらに、どんな素晴らしい商品であっても、これまで受け継がれてきた伝統をそのままの形で今後百年、二百年と存続していくのは至難の業です。

名だたる羊羹の老舗である虎屋さんでさえ、約十年ごとに砂糖の配合を見直していらっしゃるそうです。消費者は「昔ながらの虎屋の味で、変わらない」と思って虎屋さんの羊羹を楽しんでいますが、現代人は甘みが強い食品をあまり好まないので、消費者にわからないように糖分を少しずつ変えているのだそうです。

長い伝統を持つ和菓子であっても、昔ながらの製法やこだわりを守りつつも、時代に合わせてお客さまへの提供の仕方を変えていかなければならないのです。どんな分野であっても、そういう創意工夫が必要だというのが、今の日本、そして地方が置かれている状況だと思います。

また、海外に日本のユニークさと優れている面をPRしていくためには、日本文化を理解したうえで英語をツールとして活用していく「和魂英才」のスタンスが求められていると言えるでしょう。

日本文明研究所は、日本文明の世界への発信機関として、日本の伝統工芸品をはじめメイド・イン・ジャパンの逸品を、海外向けに紹介していく予定です。その際、逸品そのものを紹介するだけではなく、商品の背景にある由来や歴史、蘊蓄《うんちく》といったストーリーを英語で紹介していくことが非常に大事だと考えています。

たとえばフランス産ワインのラベルに、ボルドーの名ワイナリーの情報が書かれていると、まずワインの味に対する期待が高まります。さらにブドウの種類、何年ものでどういう気候だったなどとストーリーがあるだけでも、ワインの味が違うような気がするのです。

こうした手法で各地の地酒・日本酒なども発信していけば、日本ファンのさらなる底上げにつながると同時に、日本思想に対する理解も広がるのではないでしょうか。

日本という大きな個性の伸展

せっかくのメイド・イン・ジャパンの情報も、英訳すると日本精神がなくなってしまうと思う人もいるかもしれません。厳密に言えば、日本語は英語に訳すことが非常に難しい言葉や表現が数多くあり、それらを英語で表現することは不可能です。しかし、それでも英語で表現する努力をしなければ、メイド・イン・ジャパン支持者を増やしていくことはできないのです。

現実的には、英語と日本語を併記することで対応可能でしょう。とくに外国人観光客が大挙して日本を訪れることが予想される東京オリンピックまでには、国内のあらゆる商品や観光地の案内などについて、日本語の解説に英語を併記するといった対応を急いでほしいのです。

日本に興味を持ち、日本を知りたいと思って来日してくる観光客ですが、商品や観光地に限らず日本の文化や伝統、思想に対する英語の説明が乏しく、伝わっていません。英語で対応できる従業員も少ないのです。

ところで、国税庁の「酒類の輸出統計」（平成十五年〜平成二十五年の輸出統計）によれば、平成十五年に八二七〇キロリットルだった清酒の輸出量は、十年後の平成二十五年には一万六二〇二キロリットルとほぼ倍増。輸出金額も、同期間に三九億二二〇〇万円から一〇五億二四〇〇万円へと約二・七倍も増えています。

日本酒も、それだけ世界で好まれていて、各国で日本酒ブームが起きているのですが、こうした事実を、私たち日本人は知ることがありません。

日本酒に限らず、海外の人々が日本製品を求める心理にあるのは、やはり安心・安全・高品質の信頼です。さらに、食品については安心・安全に加えてヘルシーといった要素がどの国でも重視されていて、そういう価値観のもとで、世界中で日本製品は選ばれているのです。

本物のメイド・イン・ジャパンには、世界でも他に例がないオンリーワンの〝モノ〟がたくさんあります。さらに第四章で述べた通り、「オンリー日本」と呼べるような〝コト〟が全国で伝承されています。

こうしたさまざまなオンリーワンの存在こそが、日本の個性と言えるのではないでしょうか。そう考えれば、個人の持つ個性の伸展もさることながら、地域の個性、またグローバル化が進むなかで企業の個性、そして国の個性の伸展をはかることが、日本の未来、そして地球の未来へと発展していくと思います。

都築学園の創始者である貞枝先生と頼助先生は、今から六十年前に、個人がいかに自分の個性を発揮するかという意味で、個性の伸展という建学の精神を打ち立てました。いま時代の変化に対応して、個人の個性の伸展から地域の個性、さらに進めて「日本という大きな個性の伸展」にギアチェンジをすることが、日本の真のグローバル化を進めるうえで、都築学園が果たすべき大きな役割だと思います。

第六章

「個性の伸展」の世界戦略

海外留学により「英語はツール」と痛感

都築学園グループで、国語以外のほとんどの授業を英語で行うリンデンホールスクールの小学部、中高等部を運営していることは先述した通りです。その設立のきっかけとなったのは、都築育英学園、都築明寿香理事長の高校時代のアメリカ留学でした。

明寿香理事長は、三歳の頃から抜群の行動力を発揮していました。一人でどこへでも出かけて行ったのです。ある日、中年とおぼしき女性から電話がありました。

「今、お宅のお子さまと一緒におります」

一瞬、誘拐されたのかと疑いましたが、続けて、

「どういたしましょうか」

と尋ねられました。

「えっ。今、どちらですか」

「新大阪駅です。私も博多から新幹線で新大阪駅に来て、ホームに降りたばかりです。お宅のお嬢さんが一緒なのですが、どうしますか。一人で駅を出てしまったら困ると思って、お宅の電話番号を聞き、電話したのです」

誘拐の疑いは解消し、恐縮しながらお願いしました。

「おそれいりますが、向かいのホームから博多行きが出ると思います。その列車に乗せていただけますか」

「それでよろしいのですか」

「それで結構です」

なぜ新大阪駅まで行ったのかと驚きました。「大阪城をテレビで見て行ってみたくなった」と単純な動機だったのですが、思うだけではなく、すぐに行動に移してしまうのです。そのための情報収集には電話を利用していたようです。当時は固定電話の時代でした。行動するためにわからないことがあると、だれかれとなく電話して、問題を解決していたのです。

小学校四年生のときには、本来は中学生以上を対象とするホームステイ留学に自ら応募し、オーストラリアへ行きました。現地の高校を訪問して交流する機会があり、そこでは生徒たちが日本語を話すので、「なぜ日本語を話せるのだろう」と、カルチャーショックを受けたと言います。日本語を話すとは思っていなかったのです。

当時のオーストラリアでは、日本語がブームになっていました。進出した日本の企業が、高い業績を上げていたからです。彼らは「将来、自分たちが日本とビジネスをする可能性がある」と考えて日本語を勉強していたのです。

オーストラリアでのホームステイでは、「価値観は、いろいろある」ということを実感したようです。

日本の義務教育では、先生から「こうしなさい」と言われたことを、きちんとできる子の評価が高くなります。これに対し、海外の教育の在り方は、自分で考え、自分で行動し、自分で結果を出して、失敗したら、なぜ失敗したのかを考えて、もう一度トライするというものです。自律性、自主性を重んじるのです。日本は教師から子どもへの一方通行、海外は双方向といえます。

自分で考え、自分で行動するのが身についていた明寿香理事長は、そのような教育方法が性に合ったのでしょう。そのときから、海外へ進学したいと思い始めたようです。

中学二年生のときは、ハワイへ語学研修に行きました。スペイン系の警察官の家にホームステイしてランゲージスクールに通い、台湾、中国、韓国など、多くの国の人たちと机を並べて学び、異文化交流を深めました。

アメリカ本土に留学したのは高校一年生のときです。当時、高校留学はまだ珍しい時代でした。特に地方には、あまり留学情報がありませんでした。ましてや留学カウンセラーや留学斡旋業者はいません。そこで雑誌に掲載されていた留学斡旋業者に自ら電話をし、東京まで出向いて準備したのです。

留学先は、ペンシルベニア州の伝統校、リンデンホール高校に決めました。当時、高校留学は、親が一緒に滞在していないと受け付けない学校が多数でした。単身留学でき、さらに母国語が英語ではない生徒のためのＥＳＬ（English as a Second Language：第二言語としての英語）の授業があり、ドミトリー（宿泊施設）があり、地方にある女子校（都市部は安全面でリスクが高い）と、条件を絞り込んでいった結果です。

じつは、明寿香理事長のアメリカ留学は「海外への家出」でした。「留学したい」と、小学校の頃から言い続けていたのですが、女の子を単身で留学させるのが心配で、実際に高校生で留学させるのかどうか、親としては結論が出せませんでした。すると彼女は、自分一人で留学の準備と手続きを進めて実行に移したのです。留学費用には、お年玉をはじめ、小学生の頃から貯めていたお小遣いを充てていました。本人は留学するつもりでしたので無駄遣いをせず、貯金していたのです。

留学すると、「ルームメイトはアメリカ人にしてほしい」と希望し、「一年間は日本語をしゃべらない」と決め、懸命に英語を学びました。その甲斐あって、一年間で英語力が飛躍的に伸びました。アメリカ人と英語でコミュニケーションができるようになり、授業の内容もよくわかるようになりました。

ところが、ディベートになると、日本人でありながら日本の歴史や文化についてよく説明できません。たとえば、歴史の授業で戦争責任について議論したとき、「日本人としてどう思うかと聞かれても答えられなかった」そうです。中学校のときに教科書で習ったようなことしか知らなかったからです。

英語はあくまでもツールでしかありません。自分たちの歴史や文化について詳しく知っていないと、国外に出たとき、何も語れません。留学したことによって、「自国のことについて勉強しなければいけない」と、痛烈に学ばされたと言います。

明寿香理事長は、「日本の場合、歴史と文化がセットになっています。日本精神、大和魂、武士道など、『感覚知』でなんとなくわかりますが、それを、歴史も宗教観も、育ったカルチャーも違う海外の人と共有するためには、英語で論理立てて説明する必要があります。論理性をもって説明しないと、国際社会では通用しません」と強調します。

明寿香理事長の留学を契機として、平成六年二月に福岡第一高校がリンデンホール高校の姉妹校となり、その後、リンデンホールスクールの小学部、中高学部を開設することとなりました。

都築学園グループのリンデンホールスクールでは、明寿香理事長がチェアマンを務め、海外での経験を活かして、国際社会で通用する個性教育を実践しています。

日本から新たなビジネスモデルを発信

都築学園グループでは、「個性の伸展」を理念とする教育の延長線上に「ベンチャー育成」を据えています。その一環としてアントレプレナー（起業家）を総合的、長期的に支援するためのインキュベーション施設「ハッチェリー渋谷」を、平成十二年八月、東京・渋谷に開設しました。

「ハッチェリー」とは、英語で「孵化場《ふか》」のことです。「インキュベーション事業を通じて起業家の卵を育て、斬新なビジネスアイデアを世に送り出したい」との思いから命名しました。事業を立ち上げたのは、都築明寿香理事長です。まだ二十二歳で現役女子大生のときでした。

当時、インキュベーション事業を手掛ける組織や団体は、ほとんどありませんでした。

明寿香理事長は、ただ単にお金を儲けるだけではなく「新しいビジネスで、より良い社会にしたい。社会に貢献したい」という素晴らしい志を持った起業家たちが、事業資金も場所もなくて困っているのを知り、支援に乗り出したのです。資金調達だけでなく、技術開発や営業の拠点となるオフィスの無償提供、財務や株式公開のコンサルティングなど、起業家と苦楽を共にしながら複合的に成長をサポートしています。

明寿香理事長がアメリカに留学したとき、留学先のリンデンホール高校にコンピューターが導入され、プログラミングの練習など、ＩＴ（インフォメーション・テクノロジー）教育が始まりました。また、シリコンバレーに何度も研修に行き、ベンチャー企業が急速に伸びていくのを目の当たりにしました。友だちも起業したといいます。明寿香理事長が、「日本には近江商人の『売り手よし、買い手よし、世間よし』という『三方よし』の考え方があります。ベンチャー企業が利益を追求しながらも、より良い社会に変えていけるビジネスモデルを、日本から発信したい」との強い思いでインキュベーション事業を立ち上げたのは、このときの経験がベースになっています。

ハッチェリー渋谷への入居企業は、スカウトや紹介を経て、経営者の情熱や社会変革への意志を確かめて決定しています。「イノベーションを起こしたいという、はっきりとした志があるか。死んでもやり遂げるというくらいの覚悟があるか。覚悟を決めて命を懸けてやり遂げる意志がなければ、事業は成功しない」というのが明寿香理事長の考えです。

ハッチェリー渋谷を巣立っていった企業には、ユーグレナ、アイスタイル、レノバ（旧社名リサイクルワン）、オーシャナイズなどがあります。

株式会社ユーグレナは、経営理念として「人と地球を健康にする」を掲げている東京大学発のバイオベンチャー企業です。世界で初めて微細藻類ミドリムシ（学名ユーグレナ）の屋外大量培養に成功し、素材としての提供、ミドリムシを活用した健康食品や化粧品の提供、さらにはバイオ燃料への応用研究などを進めています。平成二十六年に東証一部上場を果たし、平成二十七年には、第一回「日本ベンチャー大賞」で大賞（内閣総理大臣賞）を受賞しました。

株式会社アイスタイルは、「生活者中心の市場創造」をビジョンに掲げ、化粧品の商品評価コミュニティサイト「@cosme（アットコスメ）」を企画・運営しています。二十年前には、「化粧品の口コミサイト」がビジネスになるとは、誰も思わなかったのではないでしょうか。ところが今では、消費者はメーカーの広告よりもユーザーの声を信用する時代になっています。テレビのコマーシャルも、ユーザーの声を元にしたものが増えました。

ただし「口コミ」には、本当のユーザーもいれば、ユーザーのふりをして購買意欲を高めようとするいわゆる「サクラ」もいます。アットコスメは、本当のユーザーとサクラを選り分ける技術で、信頼性の高い「口コミ」の提供に成功しました。平成二十四年に東証一部上場を果たし、インターネットなどを活用したマーケティングやプロモーション、各種コンサルティングサービスも提供しています。

「環境をReNewする」を企業理念とし、「アジアナンバーワンの環境事業開発集団になる」ことを目指している株式会社レノバは、まだ「使い捨て」が主流だった時代に、廃棄物・リサイクル資源の電子取引市場を提供するリサイクルワンとして創業しました。その後、ゼロエミッション支援、土壌汚染対策、リサイクル事業化支援、アスベスト対策などの各種サービスを開始し、現在は、メガソーラーの開発・運営、風力・地熱発電などの再生可能エネルギー開発、プラスチックリサイクル、調査・コンサルティングなどを事業領域としています。

株式会社オーシャナイズは、コピー用紙の裏面に広告を掲載して、コピー料金を無料にする「タダコピ」を運営しています。ほかに、大学生マーケティング・採用ソリューションなどのサービスも提供しています。

明寿香理事長は東京大学大学院を卒業後、日本経済大学の学長として就任しましたが、ここではビジネスを新しく創造したり、事業を継承したりできる能力を総合的に養うコースが設置されました。また、全学科で起業家に不可欠な発想力や企画力、創造力、交渉力、プレゼンテーション能力などを身につけられる機会を提供しています。日本で三番を数える多くの外国人留学生も学んでおり、起業を通じて母国と日本の架け橋になる留学生を輩出することに期待を寄せています。

「個性の伸展」のグローバル化

都築学園グループ創立六十周年を迎えた今、建学の精神と創立者の志を受け継ぐ都築明寿香理事長にあらためて伝えたいのは、建学の精神「個性の伸展による人生練磨」をグローバル化に対応させていくことです。「個性の伸展」は、学園創立時は個人の個性の伸展でしたが、グローバル化の流れの中では、個人だけではなく、地域や国、企業などの個性の伸展が求められています。

それぞれの地域には、そこにしかない独特の歴史や文化があります。食文化、生活習慣など、それぞれ異なるからおもしろいのです。地域の特色は貴重な観光資源でもあります。もっと活かして内外にアピールしていく必要があります。また、国際競争の中で、国や企業の特色は何なのか、売りは何なのか、強みは何なのかを深掘りすることが大切です。これも「個性の伸展」のグローバル対応です。

その人にしかないもの。その地域にしかないもの。その国や企業にしかできないもの。これが「唯一無二」の個性です。外国から見たら日本にはユニークなものがたくさんあります。懐石料理だけが日本料理ではありません。その地域独特の食文化などに出合うと、外国の人は大変喜びます。

優秀な日本製品に囲まれて育ち、日本のマンガやアニメを見たことがきっかけで日本にあこがれ、日本に留学してくる外国人学生がたくさんいます。日本製品が優れているのは、「ものづくり」にこだわる職人の伝統があるからです。

マンガやアニメもいきなり登場したわけではありません。国宝『鳥獣人物戯画』の時代からの古い歴史があります。『百鬼夜行絵巻』には、鬼や異形の者をはじめ、妖怪も山ほど登場します。日本のマンガやアニメは、そのような古来からの礎の上につくられているのです。

グローバル化の流れの中では、守り、継承していくべき伝統、時代に即して変化させていくべきものを峻別する必要があります。普遍的な部分は継承し、変えるべき部分は新しくしていかなければなりません。これが「不易流行」です。今まで継承してきたものをやめてしまう、全部変えてしまうということではなく、「不易」と「流行」のバランスが大切なのです。

建学の精神のグローバル化への対応は、まさに「不易流行」といえます。小学生のとき海外で日本とは違う価値観に触れて以来、国際社会を意識した活動を続けてきた、「グローバル化の申し子」ともいえる明寿香理事長であれば、十分に理解して継承し、深化させてくれるものと期待しています。

「世界に貢献する日本」が使命

平成二十六年、都築学園グループは英国ケンブリッジ大学との長年の交流が実り、名誉友好団体（Guild of Benefactors）に選ばれ、ケンブリッジ大学内のセネットハウスで表彰式が行われました。

振り返れば、「都築学園と交流したい」とのお申し出をいただき、オックスフォード大学のセント・アンズ・カレッジ、ケンブリッジ大学のフィッツウィリアム・カレッジの担当者が相次いで当学園を訪れたのは、今から二十五年前のことでした。

当初、世界でも名だたる名門校が、なぜ地方の私立大学にすぎない私たちと交流を望むのか、不思議に思いました。ところが実際に担当者に会ってお話を伺ってみると、当学園が創立時より国の私学助成金に頼らず自主独立経営を貫いていることと、「個性の伸展による人生練磨」という建学の精神を継承しながら、独立したカレッジの集合体としてのグループ運営をしていることが、両大学の在り方と同じだと共感してくださってのことだとわかりました。

そうしたご縁から、平成八年に両大学とパートナーシップを締結し、もう二十年が経過しています。

両大学との提携を記念し、福岡の太宰府キャンパスに日本最大規模の面積を持つイングリッシュガーデンを造ったのを皮切りに、学生寮「オックスフォードハウス」と「ケンブリッジハウス」を建設したほか、ケンブリッジ大学に日本庭園をオープンするなどの文化交流に加え、留学生の交換や教員の派遣など、さまざまな面で両大学との交流を深めてきました。こうしたことで、日英両国の友好に微力ながら貢献できたのではないかと自負しています。

両大学との提携がきっかけとなり、米国のハーバード大学、ハワイ大学、デュケイン大学ともパートナーシップを結んだほか、最近では経済戦争大学（フランス）、東西大学（韓国）、大連大学（中国）、台北医学大学（台湾）、中国医薬大学（台湾）、国立陽明大学（台湾）、南台科技大学（台湾）、ラジャマンガラ工科大学（タイ）など、提携校も海外三十校を超えるまでになりました。

また平成二十五年十月には、リンデンホールスクールの中高学部は、スイスのジュネーブに本部を置く国際バカロレア機構が運営している国際バカロレア・ディプロマプログラム（DP）に認定されました。これにより、DP課程を修了し、統一試験に合格すれば、国際的に認められている海外の大学入学資格を得られるようになりました。

さらに平成二十八年二月、リンデンホールスクール中高学部の第一期生十一名が無事に卒業証書を授与されました。そして世界のトップレベルの大学へと進学していきました。彼らは平成十六年の開校とともにリンデンホールスクールの小学部に入学し、十二年間学んだ、文字通りの「フロンティア」です。

英語をツールとして駆使できる語学力を身につけ、日本の伝統文化の学習を通じて、日本人としてのアイデンティティを確かなものにした「和魂英才」の卒業生は、日本の文明を世界に広め、未来に貢献できるグローバルな人に育っていくことでしょう。
これからも「世界に貢献する日本」を使命として、個性教育に邁進していきたい。明香理事長には、次の言葉を胸に、その先頭に立ち続けてほしいと思います。

寿

個性を伸ばし
自信をつけて
未来に送り出したい

おわりに——謝辞

都築学園創立六十周年——頼助先生と貞枝先生が生涯をかけて取り組んだ教育に、いま一度思いを馳せる。お二人と過ごした日々が、走馬灯のように駆け巡る。建学の精神、教育にかける熱意、「和魂」の大切さ。直接薫陶を受けたのが私一人となったいま、これを機に、都築学園の教育と今後のあり方についてまとめておきたい、と強く願うようになりました。

日ごろから何かとお世話になっている紀伊國屋書店の高井昌史会長兼社長にご相談すると、「ぜひ出版されるべきだ」と勧められました。さらに、「総長がどのように教育とかかわり、〝和魂英才〟という考えに至ったかを明らかにするため、個人的な来し方も述べたほうがいい」とアドバイスをいただいたのです。

個人的なことを語るのは気恥ずかしさもあり、私としてはできれば避けたかったのですが、最終的にご助言を受けてしたためることにしました。高井さんとのご縁がなければ、今回の上梓はなかったかと思います。さまざまなご支援をいただきましたことに深く感謝申し上げます。

本書の出版にあたっては、ＰＨＰ研究所の清水卓智社長にお世話になりました。本文にも書きましたが、学園の経営に際して、松下幸之助さんの経営哲学を大いに学ばせていただきました。幸之助さんが創設されたＰＨＰ研究所から本書を出版するということは、やはりこれもご縁ではないかと思います。

書籍を一冊上梓するには、たいへん多くの方々のお力添えを必要とします。編集を担当されたＰＨＰ研究所の萩原一彦編集長、構成のアドバイスをいただいた細井武さん、加賀谷貢樹さん、校正していただいた合力佐智子さん、廣田正行さん、装丁を考えていただいた赤谷直宣さん、組版を担当された朝日メディアインターナショナルの方々、そして印刷・製本をしてくださった図書印刷の方々。みなさんのご尽力によって本書は完成いたしました。心よりお礼申し上げます。

本書が、教育に携わる一人でも多くの方々のご参考になれば、筆者としてそれに勝る喜びはございません。

〈著者略歴〉

都築仁子（つづき・きみこ）

都築学園グループ総長として、建学の精神である「個性の伸展による人生練磨」の継承と発展、およびグローバル時代における人材育成に尽力している。公益財団法人日本動物愛護協会理事。一般財団法人日本文明研究所理事長。オーストリア共和国黄金栄誉勲章受章（音楽功労）。
英国オックスフォード大学セント・アンズ・カレッジJohnson Fellow（名誉研究員）、ケンブリッジ大学フィッツウィリアム・カレッジPatron（名誉後援者）。

都築学園グループ

〈海外提携〉オックスフォード大学、ケンブリッジ大学をはじめ、欧米、アジア各国の大学と提携しています。

日本薬科大学
　さいたまキャンパス
　東京 お茶の水キャンパス
横浜薬科大学
日本経済大学
　東京 渋谷キャンパス
　神戸 三宮キャンパス
　福岡 太宰府キャンパス
福岡こども短期大学
札幌医療リハビリ専門学校
東京マルチメディア専門学校
関東柔道整復専門学校
名古屋デジタル・アート専門学校
第一自動車大学校
福岡第一高等学校
リンデンホールスクール（1条校）
　中高学部（IB国際バカロレア校）
リンデンホールスクール
　小学部（英語イマージョン校）
だいいち幼稚園
むろずみ幼稚園
せふり幼稚園
みやこ幼稚園

第一薬科大学
神戸医療福祉大学
　大阪 天王寺キャンパス
　姫路キャンパス
第一工業大学
　東京 上野キャンパス
　鹿児島キャンパス
第一幼児教育短期大学
第一幼児教育専門学校
お茶の水はりきゅう専門学校
関東リハビリテーション専門学校
名古屋デジタル工科専門学校
福岡天神医療リハビリ専門学校
鹿児島第一医療リハビリ専門学校
第一薬科大学付属高等学校
　（全日制・通信制）
鹿児島第一高等学校
鹿児島第一中学校
鹿児島第一幼稚園
だいいち保育園
むろずみ保育園
せふり保育園

インキュベーションセンターハッチェリー渋谷
（一般財団法人）都築国際育英財団
（一般財団法人）日本文明研究所

（平成28年10月現在）

装幀：赤谷直宣
装幀写真：飛鳥園
写真協力：新薬師寺

「和魂英才」のすゝめ

2016年11月1日　第1版第1刷発行
2016年12月15日　第1版第3刷発行

著　者　都築仁子
発行者　安藤卓
発行所　株式会社ＰＨＰ研究所
京都本部　〒601-8411　京都市南区西九条北ノ内町11
マネジメント出版部　☎075-681-4437（編集）
東京本部　〒135-8137　江東区豊洲5-6-52
普及一部　☎03-3520-9630（販売）
PHP INTERFACE　http://www.php.co.jp/
組　版　朝日メディアインターナショナル株式会社
印刷所
製本所　図書印刷株式会社

ISBN978-4-569-82905-0

PHPの本

道をひらく

松下幸之助 著

運命を切りひらくために。日々を新鮮な心で迎えるために――。人生への深い洞察をもとに綴った短編随筆集。40年以上にわたって読み継がれる、発行500万部超のロングセラー。

定価 本体八七〇円 (税別)

PHPの本

素直な心になるために

松下幸之助 著

著者が終生求め続けた〝素直な心〟。それは、物事の実相を見極め、強く正しく聡明な人生を可能にする心をいう。素直な心を養い高め、自他ともの幸せを実現するための処方箋。

定価 本体一、〇七〇円（税別）

PHPの本

実践経営哲学

松下幸之助 著

事業経営におけるいちばんの根本は正しい経営理念である――。幾多の苦境、体験の中からつかんだ独自の経営観、経営哲学がわかりやすく説かれた経営者必読の書。

定価 本体一、一七〇円(税別)